mondialisation et régulations :
europe et japon face à la singularité américaine

脱グローバリズム宣言

パクス・アメリカーナを超えて

R・ボワイエ　P-F・スイリ　編

青木昌彦　榊原英資
佐々木かをり　藤本隆宏　他著

山田鋭夫・渡辺純子　訳

藤原書店

Robert BOYER, Pierre SOUYRI

Mondialisation et Regulations,

Europe et Japon face à la singularité américaine

日本語版への序文

ロベール・ボワイエ

バブルの崩壊以来、日本の経済と社会はさまざまな変容を経験している。その結果、この変革の当事者や市民たちは、日本はどんな社会編成へと向かっているのかと自問している。論争では繰り返し、そしてほとんど決まって、二つの陣営が対立しているように見える。一方で、日本の例外性はいつまでも続くと信奉する人びとは、それほど高くはないが安定した成長経路を取り戻すためには、部分的な改革で十分だと考えている。他方で、各種の専門家や当局者たちは、国際化の現段階からすれば、アメリカ・モデルに倣った金融市場をそなえた経済にふさわしい諸制度を——全部とはいわないまでも——多々採用する必要があると考えている。

本書に結集した著者たちは、日本に開かれた選択肢について、もっと豊富でバランスのとれた見解を提起している。というのも第一に、ヨーロッパ人が参加することによって、日本にとっての戦略的な選択肢を明らかにするという点で有益なもう一つの参照基準が示されるからである。日本の世論は、フィンランド、スウェーデン、さらにはデンマークの経済がＩＴの生産および／あるいは利用において最先端を切っているということや、これらの経済が高水準の社会的統合や社会的連帯を維持しつつ、同時に失業を克服し成長を回復することができたということを、本当に知っているのだろうか。日本の当局者たちは、もう少し頻繁にヨーロッパの側から眺めてみた方がよいのではないか。ヨーロッパは——市場の論理をはるかに超える——稠密な社会的相互作用があるという点で長い伝統をもっているが、これは日本のいくつかの特徴を想起させずにはおかない。本書の第二の強みは、さまざまに異なった分野や国の出身者を集めていることである。研究者、企業の最高幹部、政治的責任者が、ある共通の問題——すなわち、自分たちの日常の実践に照らして、世界化《モンディアリザシオン》は諸戦略の均質化とアメリカ・モデルへの収斂をもたらすか——について討論し解明しようというのは、つまるところ、かなり稀なことである。

この問題への本書の答えは、ほぼ全員一致できわめて否定的である。各人は本書に一貫する統合的なテーマを考慮しつつ、独自な論拠を展開する。つまり、世界化《モンディアリザシオン》はいくつかの制度や組織を無効にするが、同時に資本主義や企業経営モデルの多様性を刷新する、というテーマである。だから、戦後的成長の黄金時代と現代とをマスコミがやっているように根本的に対立させるのは正しくない。つまり、黄金時代にあっては、各国は多分に自国を中心に据えた成長モデルに従って、特殊な組織諸形態を発展させる余裕があった。その結果ごくふつうに、日本の例外性、フランスの奇跡、ドイツの特殊性、等々が並列されるまでになった。これと反対に、一九八〇年代半ば以降の開放経済の時代にあっては、競争と国際化の諸力が社会の隅々にまで浸透し、その結果、経済諸主体のみならず政治関係者の自律性の余地はほとんど完全に消滅することになろう。経済諸主体も政治関係者も、アメリカ的な制度や組織形態を採用せざるをえなくなるだろうというわけである。したがって、グローバリゼーションがもたらす効率性の代償として、金融ロジックの遍在に支配された標準的モデルへと収斂するのだという次第である。

本書は、こうしたよく見かける——表面的できわめて間違った——ヴィジョンに対する解毒剤として読んでほしい。この点にかんして、本書は一連の議論を提供するが、それに対して日本の読者はいつまでも無関心であることはできないであろう。以下の七つの命題の形にこれを要約することができる。

1 世界化《モンディアリザシオン》はグローバリゼーションではない

グローバリゼーションという用語はアメリカ的なものに由来しているが、フランス語やおそらく日本語など多くの言語で、そのまま採用されてきた。この用語はもともと経営学の文献を起源とするものであり、多国籍企業が世界中いたるところで同じ製品を販売でき、国際的規模で価値の流通を組織できるという事実を説明するものであった。多国籍企業は、自らの販売経路、工場や生産現場、資金調達、研究、そして企業幹部の採用さえも世界中に配分するというわけである。そこから拡大解釈して、アナリストのなかには、トランスナショナル〔超国籍的〕なものからグローバルなものになった大企業の優位性を結論づける者もいた。大企業の権力たるや強大で、各国政府は結果的に財政政策、労働法、社会保障、金融制度をこれに適合させねばならないほどであったのである。

だが、長期的な歴史研究によれば、このプロセスにはグローバリゼーションの語を引き合いに出すほど絶対的に新しいものがあるわけでなく、とりわけ交易・観念・生産の国際化のプロセスの起源は一六世紀以降にある。世界経済についてのフェルナン・ブローデルやイマニュエル・ウォーラーステインの仕事が思い起こされるべきである。こうした相互依存の高まりにもかかわらず、地方諸空間《ローカル》、地域《リージョナル》諸空間、そしてやや遅れて国民《ナショナル》諸空間は、それらが遠隔地貿易や金融の動きに接合されたなかにあっても、自律性を保っていた。およそ国際化の新たな発展は国内組織の不安定化となって現れるが、だからといって各領域内で組織されている連帯の終わりを告げるものではないのである。こうした理由から、本書のタイトル〔原書の主タイトルは*Mondialisation et régulations*〕は、グローバリゼーション (globalisation) と区別し対立させて、世界化 (mondialisation) という語を使っている。両者は同義語ではないのである。

2　アメリカ的調整様式は特殊なので、これを世界中に輸出するのは問題である

この本の第二の主要なテーマは、アメリカ資本主義の諸制度の普遍性なるものを相対化することに

ある。実際、アメリカを特徴づけるのはこの社会の若さだということが想起されるべきである。アメリカ社会はヨーロッパ的伝統からの切断として樹立されたのであり、ヨーロッパ的伝統は個人の主張や商品関係の発展を阻止するものと見なされた。アメリカ・インディアン（アメリカ先住民）はアメリカ合衆国の社会的政治的形成に何の影響力も持たなかったので、まさにこの国においてこそ、最も純粋な資本主義のロジックが見出される。たしかにオーストラリアやニュージーランドといった国でも、こうした同じ特性が認められるかもしれない。しかし、アメリカの特殊性《サンギュラリテ》は、この国が第二次世界大戦以来、国際諸関係を組織化していく中心に位置しているということ、ならびに、この点でアメリカは自国の諸制度を投影し輸出する力——近代史でこうした力をもった類例はほとんどない——をもっているということにある。

そこからあるパラドクスが生ずるのであり、これは今日の研究で十分に強調されていない点である。すなわち、アメリカ的軌道という極端に特別なものが、近代的なもの——市場と民主主義の結合を意味する——に近づこうと願っている諸国にとって確実に参照基準になってしまうのである。だがしかし、アメリカ以外のほとんどの地域では歴史が重みをもっているという事実を考慮するならば、資本主義的諸関係は依然として、それに先行する社会的諸関係からの遺産によって刻印されているのである。その結果、アメリカ資本主義の極端な性格との関係のなかで、他の社会は第二次世界大戦以降、吸収や適合のプロセスを発展させ、また多くの場合、ハイブリッド化——つまり、アメリカ由来の諸原理と各地域固有の独自な社会的紐帯との合成——のプロセスを発展させた。こうしたプロセスがこの二一世紀にまで延長されていること、またその結果、ある多様性が刷新されていることは大いにありうる話である。その多様性は、栄光の三〇年〔フォーディズム〕の時代、フランスの奇跡、ドイツ・モデル、スウェーデン・モデル、そして最近では日本モデルの独自性を強調することになった多様性とよく似ていよう。

3　昨日は日本モデル、今日はアメリカ・モデルといったモデルの理想化を警戒せよ

ところで正確にいえば、各国経済――アメリカ・モデル――であれ、企業実践――トヨティズム――であれ、それらに付与されたモデルという用語の使用を警戒する必要がある。これは一般に外部の観察者の仕業であって、外部者は、かつては遅れているとみなされていた国や企業がめざましい成長局面に入ったことに感動して、そうした国や企業は事実上、近代的なものの最前線にいるのだと見てしまう。あまりよく知らない制度や組織の全体について、かれらは理想化された表象を作りあげてしまう。大した分析研究もせずに、この点におけるすばらしい実績に勇気づけられて、このモデルは首尾一貫した全体をなしているのだと考えるようになる。にもかかわらず決まって、同じような結末が繰り返される。つまり、例外的成長の局面は必ず反転し、景気後退へとなだれ込んで終わる。そしてこの景気後退によって、想像上のモデルの弱点と不整合性――これは昨日までは成長の大波によって隠されていた――が歴然と露呈されてくる。

日本はそれ自身、こうした素朴きわまる賞讃から、その経済組織が非効率で時代遅れだという極端に否定的な評価へと逆転した当の対象であった。アメリカ自身も、二〇〇二年の夏、同じような過程を経験した。金融アナリストが目の当たりにしたのは、ダウ平均やナスダックの優良株の利益なるものが不誠実な会計責任者による作り事の結果であったということ、また、事情通の不正行為が情報をもたないもの——賃金労働者やかれらの年金基金——を犠牲としてまかり通ったということである。二〇〇〇年代最初の一〇年間に計画されていた財政黒字は、ブッシュ大統領の減税計画が実行されこと、二〇〇一年九月一一日のテロに対応して安全および防衛への支出が激増したこととの二重の結果として、二〇〇二年には赤字に転落した。このように、景気後退期——これは陶酔と熱狂の局面のあとにやってくる——ほどモデルの生命力がよく試される時はない。こういった文脈にあってアメリカの各種制度を輸入しようとするのは、当を得たことなのだろうか。アメリカの会計規則はその限界を示した。賃金労働者の退職貯蓄やかれらの年金基金の管理にかかわるリスクが出現したのである。助言役と会計監査役とが混同されて、企業会計の誠実性に対する監査の有害な性格が明らかになった。エンロンは外部当局のあらゆるコントロールをはねつけながら、新しい財務手段をでっちあげたのであり、そこから事後的に確認されるのは、非金融主体がプルーデンス規制から解放されるととてつもない信用危機が生まれるということである。

4 各国の競争優位をうまく発展させるように国民的諸制度を改革せよ

もっとも、かといって、さきの一〇年間から受け継いだ諸制度全体を固守する必要があるのかと言えば、答えはもちろん否である。というのも、長期的傾向として明らかになった諸変化も数多いからである。ＩＴの影響によって、生産パラダイムは大変動をこうむった。国際金融市場の影響によって、さらに言えばたんなる貿易の影響によっても、諸経済はますます相互依存を強めるようになった。労働市場に新しい世代が参入してくると異なった価値観や期待が生まれ、他方で、教育であれ、生涯学習であれ、あるいは健康であれ、社会保障にかんする新しい需要が出現する。各社会はまた、あらゆるレベルでの環境保護を考慮しなければならないし、人口の高齢化への準備をしなければならない。それほどに多くの構造変化によってイノベーションの新しい波を引き起こす必要があり、そのイノベーションは人間形成的（anthropogénétique）な成長体制〔人間主導型成長体制〕をもたらす可能性があろう。

日本は今日、ゆたかでインフラストラクチャーもよく整った国だが、以上のことはまさにその日本の核心的問題の一つではなかろうか。人間による人間の生産――すなわち教育、職業訓練、健康、レジャー――に貢献するような製品、技術、組織様式へと日本の創意と活動を集中させるのは、時宜を得たことではなかろうか。旧工業化諸国がそれぞれ手にしている競争優位を再展開させうるような多くの活動があるのであり、最貧の諸社会に対する野心的な開発戦略を提案することもできる。さて、こうした活動を考えるとき、アメリカの番付は低くなる。アメリカは高等教育やレジャー産業ですばらしい実績をあげているが、医療制度は高価で極端に不平等であり、他方、学校は機会の平等化というその役割を果たしていない。この点、社会民主主義型のスカンジナビア諸経済が模範例をなしている。医療や学校という集合的サービスの質についていえば、それはたしかに巨額の社会的移転を通じてなされるが、提供されるサービスの質がよく、各種社会グループの期待に応えているだけに、ますます広範に受容されているのである。地球規模の「ベンチマーキング」に際して、なぜスウェーデン、フィンランド、デンマーク、オランダといった諸国が座標軸として取られないのか。当面のことでいえば、ヨーロッパへの参照が今よりももっと頻繁になされてよい。というのもこれら諸国は、日本の当局者たちを勇気づけることができる諸組織を発展させたのであるからだ。

5　経済的社会的編成にかんする多様性の賞揚

本書の各章は、世界化《モンディアリザシオン》時代における多様性の刷新という問題に役立つような論拠と結果を提起している。各章はそれぞれのやり方で、一九九〇年代にきわめて長らく通用した三段論法を否定している。この三段論法に従えば、まず、グローバリゼーションによってさまざまな経済システムが競争下におかれ、その結果として、いちばん効率的なシステムが選択されるだろう。ところで、アメリカの制度的アーキテクチャは例外的によいパフォーマンスを示している。それゆえに他国は、精一杯、北アメリカ資本主義を模倣すべく努めねばならない、というわけである。しかし第一に、たとえ自由貿易圏や経済統合圏――ユーロの発行がその証拠である――を形成するという形でしかなかったとしても、国家はおよそ国際諸関係を編成する力を失いはしなかった。第二に、とりわけ、国民国家を企業と同一視することはできない。それというのも国民国家には、所与の領土で連帯を組織するという属性があるからである。加えて、国家を破産させ、次いで後見下に置くべく国際法を改正するよう、ＩＭＦ〔国際通貨基金〕から最近提案がなされた――これはアルゼンチンの状態から立案された計画である――が、そうした提案がなされたからといって、国家の権利を企業の権利に従属させようという、これまた極端なヴィジョンが人びとの賛同を得ることはほとんどありそうにない。最後に、国際貿易の流れ、生産システムの特化、イノベーション・システムの独自性を注意深く分析してみると、各国経済は激しい競争状態にあるというより、むしろ補完的であることが分かる。

実際、競争優位は各経済組織の独自性に直接にかかわっている。アメリカなどいくつかの国は所有権の保護を重視しており、それによってアメリカは、レジャー産業、金融、ソフトウエア、バイオテクノロジーへの特化が可能となっている。反対に他の社会システムは、企業間の協調を奨励し、それによって複雑な各種システムがかかわってできるいくつかの製品において競争優位が与えられており、これは日本のケースに見受けられる。さらに他の国は国家の決定的役割のうえで自らの競争力を築いており、これがフランス――一般化していえばヨーロッパ――のケースである。これら諸国は公的な大インフラストラクチャーと結びついたあらゆる商品――鉄道輸送、航空、発電所――へと特化している。最後に社会民主主義型の諸経済は、公民的《シヴィック》と形容しうる生産物、つまり環境を重視し拡大された社会的連帯の枠組みに入る生産物において、競争優位を享受している。それゆえ現代という時代を刻印するものは、過去から受け継いだ組織諸形態の一部が破壊されていることであり、これは多様性を減ずるものではあるものの、他面では、現代は社会を多様化させる諸要因を刷新していると言うことができる。例えば、中国経済がいつの日かアメリカ資本主義そっくりのコピーになるなどと、誰が想像できようか。中東欧の諸経済はといえば、それらは市場経済の諸制度の構築において、それぞれに独自な道を開拓しつつあるのではなかろうか。

6　レトリックや理論は世界的に普及するが、国民的慣行や地方的課題は特殊性をもつ

グローバリゼーションにかんする言説の権力は、一部は、近代的な通信手段——とりわけ世界的なウェブを想起すればよい——によって、情報のほとんど瞬間的な伝達が可能となったという事実と関係している。というわけで、すでに二〇年も前にはやった表現を借りれば、地球村《グローバル》（！）が生まれたと結論づけたがるのも無理からぬことだ。しかし、本書の著者たちが教えているのは、かれらの活動はますます国際諸関係のうちに組みこまれているにもかかわらず、かれらの行動はきわめて異なった社会政治的文脈のうちに位置づけられているということである。こうした制度的相違は波及効果によって企業組織のアーキテクチャに影響を及ぼし、その結果として、企業は自らの強さも弱さも同時に作

り上げていく。フランスのある多国籍大企業のいくつかの事業部門にあっては、北米よりもヨーロッパでの方が業績も技術も高いというのは、注目すべきことでないか。あるいはまた、この一〇年来、ジャストインタイムや総合的品質管理を移植しようとして他国の企業経営者が努力を続けてきたにもかかわらず、自動車部門において日本のメーカーは、品質 - 価格関係の面で依然として優位を保っている。多数の模倣者が現れたにもかかわらず、その優位は浸食されなかったのである。

これにかんして本書のほとんどの論文に共通するテーマが存在する。グローバリゼーションや「ワン・ベスト・ウェイ」なるものに偏執狂的に依拠することは、現代の社会や経済の多様性をもっと重視する理論を構築するのに障害となりうるということである。この点で興味深いのは、アメリカ的、日本的、フランス的といった、いわゆる例外性をご破算にしうる分析枠組みをそれぞれ提起しているのは、青木昌彦教授および藤本隆宏教授という、二人の日本人著者だということである。事実、右のような特殊例外性は、企業の組織諸形態や国民的な経済諸制度にかんする一般的な類型学のうちに組み込まれうるのである。そうした組込みによって、企業にとっては競争力の源泉が、経済にとっては社会的紐帯の編成の源泉が複数あるのだということを位置づけなおすことができる。これは、ヨーロッパ人やアジア人にとって、社会科学における分析を発展させるための誘いである。つまり、これによって、例外性という安易きわまる観念に頼るのを拒否しつつ、自分たちの歴史的軌道を一般理論のうちに位置づけなおすことができるのである。

7　多国籍大企業の問題の多い強大な力に直面して国家が復権する

本書は必然的に政治的なものの復権へと至る。すでに述べたように、国民国家間の関係と、世界市場において多国籍企業がかかわっている競争とを同一視するのは、間違いである。国民国家には、その領土内で連帯や安全を組織しつつ国民の期待に応えるという役割がある。多国籍企業には、資本蓄積をとおして富を生産するという目的がある。両者は同じ領域内で行動してはいない――一方は政治的なもの、他方は経済的なもの――のであって、国民国家と企業が同じ運命を共有するいかなる理由も存在しない。高名な日本人コンサルタント大前研一は、グローバリゼーションによって国民国家の行動能力は全面的に解体されるだろうと言ったが、それ以来有名となったこの手の主張に対しては以上のように答弁しておこう。

経済的社会的変革を遂行していくにあたって政治的なものがもつべき役割にかんして、たしかに日本の世論はヨーロッパ人と同じ期待をもっているようには見えない。にもかかわらず、旧大陸〔ヨーロッパ〕の実例は物事をよく分からせてくれる。例えば、第二次世界大戦後に始まった経済統合のゆるやかなプロセスは、二〇〇二年一月にはユーロの発行にまで行き着いた。いよいよはっきりしてきたことだが、この共通通貨は大ヨーロッパ市場を拡大し、なお好都合なことに、欧州連合のもつ潜在能力を十分に開発するために、各国政府間での新たなコーディネーションを促している。同様にフランスでも、政権交替によって重要な政治的転換が示された。そのことはまた、市民が表明した選択肢を超えて、経済的な諸力が優位に立つわけではなかったことを示すものとなろう。

＊　＊　＊

本書が現代社会の変容の分析にささやかながら貢献できたとすれば、また日本に開かれている諸戦略のいくつかをそれなりに明らかにできたとすれば、本書はその目的を達成したといえよう。

二〇〇二年七月二三日

脱グローバリズム宣言／目　次

I　歴史的パースペクティブ

II 各国別軌道の対照性

脱グローバリズム宣言

パクス・アメリカーナを超えて

凡例

一　原文のイタリック体表記のうち、書名・紙誌名は『　』で、強調は傍点で示した。
一　原文の《 》は、「　」で示した。
一　原文の（　）は、そのまま（　）で示した。訳者による原語挿入も（　）で示した。
一　参考文献は［　］で示し、巻末に一覧を掲載した。
一　訳者による補注は〔　〕で本文中に挿入するか、＊印を付して章末に配した。
一　太字の語は巻末「用語解説」に説明がある。

はしがき

本書の由来は「世界化《モンディアリザシオン》——経済的調整の収斂と多様性」と題する国際シンポジウムにあり、これはG8沖縄サミット直前の二〇〇〇年七月六日、日仏の新聞社（毎日新聞とル・モンド）の主催のもと、東京の日仏会館で開催された。このシンポジウムは、在日フランス大使館、駐日欧州委員会代表部、在日フランス商工会議所の後援を得た。またシンポジウムは、社会科学高等研究院（ＥＨＥＳＳ）、サン＝ゴバン経済研究センター、ＢＮＰパリバ、エール・フランスの協賛のおかげで実現した。

とはいっても、本書はたんにシンポジウムの記録に終始するものではない。第一に、各章の執筆者は、討論や意見交換の結果を考慮に入れている。第二に、本書が首尾一貫性を保つために重要なテーマについて、新規の寄稿者が一連の分析を提起することを受諾してくれたのであり、これは口頭報告に対する有益な補足となっている。

仏訳について援助をしていただいた駐日欧州委員会代表部に、またそれぞれの論文の執筆者・訳者・協力者の全員に、日仏会館として感謝申しあげる。これらの方々のお力がなかったならば、本書は陽の目を見なかったであろう。

日仏会館フランス学長（東京）
ピエール＝フランソワ・スイリ

序説

画期的変化を理解する

ロベール・ボワイエ

CNRS（フランス国立科学研究所）、EHESS（社会科学高等研究院）、およびCEPREMAP（数理経済計画予測研究所）の研究部長

企業家、政治家、研究者

国際化が強力に進んでいるが、これはあらゆる企業が同一の経営モデルを採用せざるをえなくなることを意味するのだろうか。競争の将来や各種産業の進路に対して、ＩＴ〔情報（通信）技術〕はどんな帰結をもたらすのだろうか。とりわけこうした二つの問題こそは、この一〇年、多国籍大企業を経営

する者であれ、各種ベンチャービジネスを股にかけて新規事業の立ち上げに参加する者であれ、企業幹部たちが最も重要なこととして考えてきたことである。

経済の諸空間は激しい競争にさらされているが、そのことは、各国の政治的意思決定機関に開かれた選択の空間をドラスティックに制限することになるのだろうか。国民国家はいまなお公的介入の組織として適切な枠組みなのか、それとも、次第に地域的統合圏を構築していくよう期待すべきなのか。こうした不安や代替案によって、世界化（mondialisation）ないしはグローバル化（globalisation）――というのも、ヨーロッパでも日本でもアングロサクソン的用語はそのまま使われることが多かったので――というテーマの登場にかかわる政治的論争が活発化した。

日本経済は一九八〇年代、参照すべきモデルをなしていたのだが、それは長期かつ歴然たる運命の逆転を経験した。この逆転たるや、一九九〇年代――日本列島の失われた一〇年――の全般にわたって観察されるほどのものであったが、いったいそのことをどう説明するのか。ＩＴや金融技術を支配したおかげで、アメリカは二一世紀初頭の発展モデルを創出したのだろうか。ヨーロッパと日本は遅れをとったが、それはアメリカと同じ経済社会的および金融的な諸制度の採用を意味するのだろうか。まさに強力な国際化という事実それ自体によって、経済諸システムの収斂理論が現実味を回復してきたと考えることができるのだろうか。あるいは反対に、良きにつけ悪しきにつけ一〇年以上のあいだ国際諸機関が採用してきた考え方、すなわち唯一かつ単一の**調整**様式（mode de régulation）が支配するのだ（すべてに同じ規格を！［the same size for all!］）という考え方は、一九九七年のアジア危機という災難を画期として、再検討に付されたのでなかったか。それだけに経済学――と同時に政治学――の研究にとって、巨大な作業場が存在するわけだ。というのも近年の事態が教えているのは、この問題にかんする通説的見解はいささかぐらついているということだからである。

これら諸問題のすべてに解答をあたえることは、一人の人間の手には負えないだろう。というのもこれらは――一九世紀に使われていた賢人（savants）という語は使わないとしても――企業幹部、政治当局者、研究者や専門家に相ついで差し向けられているからだ。結局のところ、これら各種職業のそれぞれの内部で多数の専門分野が発展し、それらは独立化していく。すなわち多国籍企業論、情報の経済学、国際経済学、経済地理学、開放経済下の経済政策運営、金融市場分析といったものが、それぞれにきわめて活発な考察と分析の分野をなすことになる。実際、分業、専門化、各種活動領域の漸進的自律化といった一般的動向や、制度的組織の洗練化や、さらには新しい相互依存といったことの結果、狭い専門では分析が及ばず、何らかの形の共同作業が要請されている。まさにそれゆえに本書は意図して集団的であり、さまざまな能力、さまざまな問題関心、さまざまな出身地の論者を集めているのである。

ＩＴと国際化――連動した動き

ＩＴ革命は、本書のほとんどの章で何らかの形で論じられており、それほどに一九九七年―二〇〇

○年は新しい経済と古い経済の対抗の時期として際立っている（第1、2、3、6、8、10、11章）。ITを利用する目的は、ますます差別化されつつある製品を従来の大量生産体制のなかで生産しようとすることによって生じる経営上の困難を克服することにあると考える点で、論者たちの間には広範な合意が成立している。これは本質的に情報処理における革命であり、工業生産の革命（テーラー主義、フォーディズム、スローニズム〔GM社のA・P・スローンが始めたモデルチェンジ重視の生産・販売政策〕）や交通の革命（鉄道、海運、自動車の普及、航空輸送の躍進）に続くものである。それゆえ、生産性が上昇したからといって、それはコンピュータや世界的通信ネットワークが普及したことの直接の結果ではないことは分かっている。情報経済のアクターたちはといえば、佐々木かをりが言うとおり（第8章）、自分の組織モデルが何か一つに落ち着いたことなどないということを知っている。しかしながら理論家の青木昌彦（第11章）は、シリコンバレーの観察から出発して、**モジュール生産**の輪郭を浮彫りにしている。それによればモジュール生産は独自な制度配置を生みだし、それによって、革新的企業ネットワーク上の各種メンバーの緊密な情報交換を促進している。

同じように「情報革命」の広がりは、時には正反対の予測をともないながら、さまざまな角度から評価されている。ケネス・カーチス（第3章）にとっては、これに照応する技術変化は始まったばかりであり、それというのも、歴史上の先例——例えば電気の先例——から分かるように、経済・社会の全体が技術の新しい持ち札の要請に適応するためには四分の一世紀近くかかるからである。だがジャン＝ルイ・ベッファ（第9章）にとっては、どちらかというと伝統的とみなされている産業の競争力の条件は必ずしも覆されているわけでない。それというのも、改善とイノベーションの源泉は依然として、各産業ごとにきわめて内在的かつ固有のものだからである。これとよく似た予測がケネス・カーチスによって素描されており、彼の予想によれば、全企業がひろくＩＴを採用すれば、新しい経済と古い経済の区別は急速にぼやけていき、諸企業はＩＴを競争優位の補完物へと変えてゆくことになろう。これはまた藤本隆宏（第10章）のメッセージとも近いのであって、彼が強調するのは、一方でのインテグラル〔統合〕型の財の生産と、他方でのオープン・モジュラーシステムにもとづく生産との間の重大な相違である。実際、自動車が前者のカテゴリーに属するとすれば、ＩＴは後者の象徴的な姿である。したがって各国の制度的文脈は、多かれ少なかれこれら生産諸方式のどちらかに有利ということになる。例えば日本は前者に優れ、アメリカは後者に優れている。そこから本書の導きの糸の一つが設定される。すなわち、国際化はその現代的形態においてさえ、制度的多様性と調和的である、と。

ところで一九八〇年代に起こった変化は、技術革新だけではない。交易の国際化や、生産・生産的投資の国際化は、ＩＴの生産が限られた数の地域に大きく集中したことによる。ロベール・ボワイエ（第2章）は、アメリカ発のこの新技術の波及が第二次世界大戦後のエピソードとどれほど違っているかを力説する。かつては、ほとんどの国の戦略は、技術や投資への支配を国民的基礎のうえで取り戻すことにあり、これは**フォーディズム**――そこでは生産および消費は国内空間で完結していた――によって鼓吹された成長モデルに合致していた。今日、技術革新は全世界的な販路の開拓とあわせて進められており、したがって成長は多分に外向きである。こうしてリーディング・セクターの諸企業は、きわめて多様な競争に直面しているのであり、その結果として国民的な成長諸体制は変容をこうむっているのである。

長期的歴史の視野に立てば、過去三〇年間の最も顕著な現象はおそらく、国際貿易の自由化、ついで直接投資・間接投資の自由化が、保護主義へと回帰することなく――保護主義への思惑は何度も表明されそれに向けての圧力もあったのだが――、かくも長い期間にわたってつづいたことにあった。とはいっても、《mondialisation》という語は、それがglobalisationというアングロサクソン語の訳語であるかぎりでは、現代の国際諸関係の進展をごく不完全にしか示していない。というのもこの語は、抵抗不可能なものとして示されたある画一的な運動を、そしてどの国にも無差別的に影響を及ぼし、消費財・設備財・信用・証券・特許・知識さらには能力など、あらゆる交易の総体に関係するような運動を連想させるからである。本書の諸論考は、それとは別の分析を展開している。第一に、対照的な構造的特徴をもった地理的諸圏域がはっきりしてきたのであり、それらは一九九〇年代の全般にわたって、きわめて異なったマクロ経済的諸結果によって特徴づけられる。第二に、金融的投資の国際化の速度は生産的投資のそれを上回っているのであり、この後者は輸出の速度を上回り、その輸出の速度自身は国内需要向けの生産の速度よりも大きい。さらに国際投資は、最も遅れた諸国にはまったくなされておらず、急速に工業化しつつある少数の諸経済に集中しているので、例えばアフリカ大陸はほぼ完全に見捨てられている。以上のような理由から、国際化の現代的諸形態という問題は多くの章の核心に位置している。すなわち、ケネス・カーチス（第3章）のように、米欧日という三極の間での競争状態を主張したり、あるいは逆にクリスチャン・ソテール（第4章）のように、ヨーロッパにおける地域統合圏の重要性を主張するものもある。あるいはまた、もっと大規模なアジアにおける地域協力の出現が確認されたりしている。これは榊原英資（第6章）による提案の核心をなしている。

組織的・社会的変化の中心にある金融化

国際的金融フローの自由化と金融革新の増加は、一九九〇年代のダイナミクスにおいて決定的な役割を演じた。これは本書全体に伏在するテーマである。

一面では、IT生産セクターの拡張は猛烈に加速された。というのは、金融仲介活動の中断《ディスインターミディエーション》〔金融仲介機関とりわけ銀行を通じる資金の流れが縮小化すること〕とナスダック型の「ニュー・マーケット」の創出によって、きわめて迅速な資本の動員がこのセクターに有利な形で可能となった。加えて一九九五年以来、金融バブルが始まった。この金融バブルは以前のさまざまな歴史的エピソードに匹敵するのであり、根本的《ラディカル》で、また構造的・社会慣習的《ソシエタル》な転換をもたらすようなイノベーションによって特徴づけられている。こうして二〇〇〇年まで、金融市場は投機へと走ったのであるが、このことは「ニュー・エコノミー」が出現したのだという口実のもとで長らく否認されてきたのであった。ニュー・エコノミーは固有の評価基準によって特徴づけられ、景気循環――この時代遅れな過去の遺物――の消滅を意味しているというわけだ。二〇〇〇年第4四半期に始まったアメリカ経済の減速は、早くもこうした見方の再検討をもたらし、金融界でなおこの見方をする者はほとんどいない。というわけで、一九八〇年代の日本のバブルとの比較など不適切だとしてはねつけることはできない。本書の関心は、三極経済圏の対照的な動きを視野に入れることにあり、八〇年代からの曲り角に生じたパフォーマンスの逆転を視野に入れることにある。

他面では、現代の国際化に独特なトーンをあたえているのは、他ならぬ金融なのである。というのも不測の事態に対する金融の反応速度は、生産、生産的投資、さらにはイノベーションのそれとは比較にならないほど速いからである。アメリカは、金融市場の流動性が大きいおかげで、資産行動や裁定取引によってますます支配されるようになった経済体制の特権的な地であるが、そのアメリカでは、最近二〇年間で制度配置の全体が大々的に転換した。そこから二つの問題が出てくる。第一に、これに照応する調整《レギュラシオン》様式は長期的に生命力があるか。第二に、強力な力によって、あらゆる経済がこれと同じ調整様式へと収斂するよう強いられると考えるのは根拠のあることか。

本書の執筆者の多くは、何らかのやり方で、自らの分析や視点を第一の問題に向けている。ある者は、この体制が潜在的に不均衡な性格をもつことに注意を向けているが、それというのもマクロ経済レベルでは、対外貿易の赤字と家計貯蓄率の低下は、インターネットによって助長された金融バブルに由来するアメリカ経済の二大弱点を意味しているからである（第2章）。他の執筆者たちはもっとミクロ経済的な分析を展開している。その示唆するところによれば、シリコンバレー・モデルによって、IT分野のイノベーションを推進するうえで時に矛盾する複数のインセンティブが十分に両立可能だということが、事実上、立証された（第11章）。この一〇年間のうちの前半が、アメリカの成長体制を作りあげた変容について、その性質や規模の解明を可能とする貴重な情報を提供していることは間違いない。

第二の問題にかんしては、本書の著者たちの意見は完全に一致している。たとえ同一の絶対的要請への対応だとしても、各種の制度改革が同じ方向を向いていないことにかんして、各章は実際、独自な説明を提供している。各国には固有な社会的政治的妥協の歴史があるのであり、そうした歴史に大いに依存していることが浮彫りとなっている（第1章、第3章）。生産モデルは各国の制度的文脈に適応するのであり、同じくその生産モデルは、今度は諸制度や組織諸形態に影響を及ぼすのである（第7章、第9章）。「グローバル・スタンダード」を追求するからといって、それを行う方法まで一義的になるとはかぎらず（第8章）、他方、産業上の特化は各国に固有な制度的能力に対応しているのである（第10章）。理論分析の方では、異なったいくつかの組織モデルが持続的に共存する可能性が結論されている（第11章）。

驚くべき新たな相互依存関係

経済的変容の要因が多数あり、また新奇なものでもあるということを考慮するならば、この二〇年間に分析が大きく変化したとしても驚くべきことではない。一九八〇年代の初め、ライン・モデルはアングロサクソン型資本主義に取って代わるものと思われていたのだが、それというのもそこでは、経済的パフォーマンスと不平等の緩和とが組み合わされていたからである。だがこの同じ八〇年代の後半には、新しい生産方式の例として日本が登場し、ジャストインタイム、総合的品質管理、品質差別化といったさまざまな装置を日本から学ぼうという意欲がかき立てられるほどになった。しかし後から振りかえってみれば、そして第7章のタイトルを援用するなら、「日本的生産モデルなど存在しなかった」ようである。というのも日本モデルなるものは、あい異なる二つの組織モデル（トヨタ・モデルとホンダ・モデル）のいかがわしい寄せ集めの結果なのである。そのどちらのモデルも、結局は日本経済のなかに一律に広がりはしなかったのであって、そのことは後日、日産、マツダ、三菱自動車その他多くの企業の挫折によって示されることになった。必要な変更を加えていえば、同じような無批判的評価の現象は、一九九〇年代の「ニュー・エコノミー」についても起こったのであり、この場合は、参照基準としてはもっぱらアメリカ経済の発展が挙げられ、そのアメリカ経済はしばしば、シリコンバレー、ベンチャー・キャピタル、ナスダックの結合と同一視された。経営学の文献が持ちこんだやり方や国際諸機関が主張する政策と距離を置くことは、本書のほとんどの論者たちが共有する見解の一つである（第1、2、3、7、9、10章）。

現代世界経済のきわめて独自な構図のゆえに、生まれつつある成長諸体制の不確実性は逆説的な相互依存をともなっている。一九九七年に勃発したアジア危機の推移は、この現象の大きさを証言している。すなわち、当初はタイやインドネシアのような国の運営にしか影響をあたえず、それゆえ局地的な危機でしかないとみなされていた金融的困難は、一八ヵ月後、世界の他地域の経済状況に跳ねかえってきた。世界貿易の減速、原材料価格や石油価格の低落、アメリカへの資本の還流、ロシア・ブラジル・アルゼンチンやさらにはメキシコへの為替危機の波及がそれである。結局、グローバリゼーション――とりわけ金融のそれ――の熱烈な布教者であった人びとが発見したのは、グローバリゼーションには、この場合、資本収益率を高めリスクを地理的に分散するなど、もっぱら長所しかないというわけではなく、あまり知られていない――そしてシステムの不安定性を出現させる可能性のある――新しいリスクを招き入れるという不都合があるということであった。加えて、OPEC〔石油輸出国機構〕の力が再編され、その結果として石油価格が上昇したが、これは石油ショックへと至った。その石油ショックが一九七〇年代および八〇年代のエピソードの再来となるよう期待した者もいたが、実際は、はるかに小さな帰結しかもたらさないであろう。というのも調整様式は、その時以来、インフレ的暴走の可能性を制限する方向へと大きく転換したからである。

同じように思いがけないこととして、ユーロ発足による巨大なイノベーションがある。最良の専門家が期待していたのは、競争力のある通貨が出来たのだから、ポートフォリオの再編によって対ドルでユーロ高になるだろうということだった。ところが一九九九年一月から二〇〇〇年一〇月まで、ユーロはアメリカの通貨に対して価値を下げつづけた。これは第一に、ITにかんするアメリカ経済の支配的な立場と、アメリカ金融市場の深さや流動性とに魅せられて、アメリカ経済が異例に成長した結果であった。第二に、これとは対称的なことだが、ヨーロッパにおける経済政策――共通通貨と各国ごとの財政政策の独立性維持とを並存させるという政策――の形成にかかわる不確実性のせいである。だが、国際社会がヨーロッパ硬化症の現われだと理解してきたものが、実際には、成長へと復帰しはじめたのであり、これは一部には、ヨーロッパ諸経済の競争力が再発見されたことによって助長されているのであり、だが同時に、消費者や企業――これらは今後、欧州市場という一大統合空間のうえで再編される――の側での楽観主義の復活によって促進されているのである(第4章)。

二〇〇一年の初頭、アメリカの成長体制はそれ自身、再評価の対象となっている。ＩＴの結果、企業経営が改善され公共当局の予測能力が高まったおかげで、景気循環は消滅したと一度ならず主張したアナリストもいたのだが、二〇〇〇年の最終四半期に起こった景気の反転は、二一世紀最初の一〇年間の成長モデルの特徴づけがなお暗中模索的なものであることを示している。まさにこの文脈において、八〇年代の日本と九〇年代のアメリカの比較が意味をもつ。一方で、多くのアナリストが最良かつ乗りこえ不可能と信じていた組織モデルが、あれこれのケースにおいて限界を示した。なぜならば、おそらくアナリストたちは生産モデルの多様性を過小評価し、またモデルのパフォーマンスがマクロ経済的情勢に強く依存していることを過小評価したからである(第7章)。他方で、完全に明らかになったことだが、株式相場の高騰は企業の長期パフォーマンスのリアルな評価と照応しておらず、むしろ投機バブルの出現と波及の証となっている。このバブルは、日本の**リーン生産**〔無駄を排除した生産〕(production frugale)やアメリカの情報経済のなかにそれぞれ観察されるところの、テクノロジー的および組織的なイノベーションの根本的な性格によって引き起こされたのである。

アメリカの奇跡の再来

本書のほとんどの執筆者がアメリカに視線を向け、北アメリカ的な組織のさまざまな特徴や配置を多少とも完全に輸入することを通して、他国もアメリカを模倣すべきか否かを自問していることは重要だ。執筆者たちはみな、含みのある回答を出している。かれらはアメリカの成功がもたらした刺激や競争心の役割を認識しているが、同時に執筆者たちは、アメリカ的なものへと収斂していく蓋然性は低いことを強調している。というのは、比較（ベンチマーキング）のプロセスそのものが、新しい――そしてともかくもきわめて異なった――組織諸モデルの**ハイブリッド化**によって生みだされうるからである。さまざまな経路からその証明がなされる。

第一に、ある画期的変化の予兆とみなされた国民的諸モデルがたどった奇妙な運命を強調しておくのがよかろう。一九七〇年代にあれほど賞讃されたスウェーデン・モデルはライン型資本主義に席をゆずり、このライン型自身は一九八〇年代、日本モデルの遍在に取って代わられ、その日本モデル自身はやがて「ニュー・エコノミー」に席をゆずり、そのニュー・エコノミーの象徴的な姿はアメリカだとされる。おそらく最後のものを除けば、どの場合においても、こうした抽象化は、相手国のパフォーマンスに強い感銘を受けた他国の観察者によって提起されたものであって、当事国のアクターたち自身によって提起されたものではない。アクターたちは一般に、かれらにとっては意図せざる一時的な結果——それは組織のつぎはぎであり制度の遺産でもある——である実践の総体が、模倣されるに値するモデルとなることに、ある種のためらいを表明している。しかしIT主導型成長体制の新しさは、それがアメリカのアクターたち自身によって引き合いに出されたことである。だからといって、こうした構図がもつ生命力を構造的に分析しなくてもよいというわけではなかろう。

別の部類の論法によって強調された点は、アメリカ的軌道は各種の進化、構造的変化、そしていくつかの独自な特徴が重なり合った結果であり、それらが結びついて極端に特異体質的な構図にたどり着いたのだということである。したがって、一〇年、二〇年来、アメリカとは異なる進化をたどっている他国において、アメリカ的軌道が容易に模倣されうるという保証はない。事実、アメリカ経済は大量生産と大量消費の結合のうえに立つ成長体制の危機に最初に突入したのであり、それゆえ、きわめて早熟的な構造変化があったということを想起すべきである。交通・通信サービスといった公共サービスの規制緩和の場合がそれであり、通信や情報処理における近代的手段が普及するにつれて、通信価格の安さがいかに重要か、理解されるようになった。

一九七〇年代の初頭以来、労使関係は賃金決定の分権化と個人化がますます進んでいく方向へと転換したのであり、そのことがまた、成熟・衰退部門の労働力を将来性があるとみられる部門へと移転させることを可能とした条件の一つであった。同じようにアメリカは、金融革新の最先端をきっており、奥深く流動性の高い金融市場をもっていて、世界中から資本を引き寄せ、国際的規模での金融仲介《インターミディエーション》の役割を演じている。一方でITの生産と波及があり、他方で株式相場や資本収益の推移によって有頂天になった大企業や個人の行動が一般化したが、その両者の相乗効果《シナジー》が始まったことによって、一九九一―二〇〇〇年期、アメリカは例外的な成長をとげた。ついでながら、一九八七年の株価危機は、金融市場を制限するような諸手段の改革を可能としたが、これは一九八〇年代半ばの貯蓄貸付組合(Savings and Loans)の大危機によって必要となった銀行改革の延長線上にあるものであった。

だが、こうした構造転換がすべてではない。というのは、厳密なイノベーション・システムという観点からは、ソ連の崩壊によって防衛費の削減が可能となり、シリコンバレーの企業家たちが民需への応用という方向に努力を振り向け、そこから一九九五年以降、当初は学者集団内の情報交換に役立つものと思われていたウェブの商業利用が生まれてきた。最後に、マクロ経済学者のうちには、アメリカの経済政策運営が決定的役割を果たしたとみる者もいる。第一に、アメリカの中央銀行は刷新され、成長と雇用を最大限促進させつつも、インフレ的暴走を断固予防すべき貨幣政策を遂行した。その結果はきわめて好都合に見えたので、株式相場の安定――もっと正確にいえば、金融化の時代に適応する貨幣政策の第三の目的としての投機バブルの予防――を正当化するほどになった。第二に、税制改革によって企業家精神と貯蓄が促進されたが、他方、公共支出の制限にかんする合意によって、一九九〇年代末には財政は黒字になった。結局、大きな貿易赤字の出現でさえもこの経済体制《レジーム》の関数だということが明らかになった。それというのも、このレジームは内需に反応することを可能ならしめたからであり、そしてこの内需は広範な楽観主義によって強く刺激され、九〇年代末には内需の成長テンポは生産能力のそれを上回ってしまったのである。

こうして列挙してみると、日本やヨーロッパで観察される推移がどの点でアメリカの軌道と異なっているのかが分かり、最終的には、「ニュー・エコノミー」の結果から最大の利益を得るために同じような構造改革をするのだと主張することが理にかなっているかどうか、自問してみるがよい。この問題に結論を出す前に、アメリカをそのまま模倣することが後につづく国々にとって明白な利益なのかどうか、自問してみる必要がある。

アメリカ、日本、ヨーロッパ――逆説的な関係

本書からは実際、国際関係にかんする独自な理論が引き出される。すなわち、生産やイノベーションの方向や強度は制度的構築物や価値体系に固有な慣性《イナーシャ》によって誘導されるのであり、したがってこれらは、トリアーデをなす三極において大きく異なるのだという理論である（第2、3、7、10、11章）。アメリカに対する日欧の遅れしか見ない収斂論的分析に対して、代替理論が構想されるまでになったのである。その理論とは、国際化が強化されて制度的な財産が――侵食されるのではなく――もっとうまく利用されるようになるにつれて、特化という点でみられる相違は持続的なものとなるというそれである［Hollingsworth and Boyer eds., 1997］。ちなみに、どう見ても注目すべき改革とは思えないことをしたところで、こうした比較優位を中期的に持続させることはできないのであり、そのよい例が日本である（第5章）。他方で、フランスなどいくつかのヨーロッパ諸国のケースでは、一連の基本的な諸改

革がすでになされた（第4章）。

日本の当局者が社会的経済的組織をアメリカ的構図の方向へと収斂させることを目標として定めるのは、現実的なことだろうか。マクロ経済の諸特徴——これは事実上、直接に競争的というよりも補完的に見える——の比較という光に照らしてみるとき、これは疑ってよい。考えてもみよ。アメリカでは空間が豊かにあるのに対して、日本では極端な都市集中があり、そのことは、それぞれの国で起こった投機バブルの規模のちがいに影響を及ぼさざるをえない。基礎的な学術研究によれば、アメリカはイノベーション・システムにおいて強力であるが、他方、日本の大企業集団は伝統的に、研究開発支出の大部分を——根本的《ラディカル》なそれでなく——漸進《インクレメンタル》的なイノベーションに当ててきた［Boyer, 2001a］。アメリカでは重要なコーディネーションは、市場メカニズムと、市場の良好な機能をコントロールする役目を負った当局との結合によって保証された。これに対して日本の系列関係は、戦争直後の時期——この時期、公的当局は企業戦略の強力なコーディネーションを保証していた——を超えてまで、資本、労働、能力《コンピテンス》の重要な配分機能を自らのうちに保証するものであった［Boyer, 1999］。

だが、こうした対照性は他の諸要素にも及ぶ。アメリカでは早熟的に**フォーディズム**の危機が起こったので、国際化がもたらされ、また日本よりも顕著な第三次産業の発展がもたらされた［Petit, 1998］。アメリカの貿易赤字に対しては日本の黒字が対応し、この構図は結局、特化の補完性ということのうちに含まれている。つまり日本の比較優位は、機械関連ないしエレクトロニクス関連の耐久消費財生産に関係しているが、その代わり日本はアメリカから、ソフトウエア、薬品、特許、航空機、国防諸手段を輸入しているのである [Amable et al., 1997a ; b]。二〇〇一年には、アメリカの財政黒字と対照的に、日本は終戦以来未曾有の規模の財政赤字となった。アメリカでは金融革新が洗練化され [Boyer, 2000]、対応して日本では工業生産方式が不断に完成されていったが、この方式は後に**リーン生産**というミスリーディングな名称で呼ばれて色あせた（第7章）。最後に、アメリカの家計では貯蓄がなくなり、対照的に日本では高水準の貯蓄が見られるが、この乖離は、一方でのアメリカの楽観主義《オプティミズム》と他方での日本の困惑が一九九〇年代にいっそう深刻となったことを示している。

このように、二つの構図はあまりにも対照的であり、相互に鏡となっているのであって、標準モデル――八〇年代の日本モデルや九〇年代のアメリカ・モデル――に対するたんなる遅れといって済ますことはできないのである。実際、異なる二つの調整様式（mode de régulation）が問題となっているのであり、一方は九〇年代のアメリカでインフレなき高成長を保証し、他方は同時期に大危機を記録したという事実があるからといって、そのことは、パフォーマンスが最低とみなされるモデルが最高にダイナミックなモデルへと収斂する可能性や必然性があることを決して意味しない [Boyer and Yamada, 2000]。

ある意味では、アメリカとドイツのイノベーション・システムの長短を比較するとき、同じようなことが言える [Hancké, 1999]。アメリカ的システムの力の源泉は、知的財産権の強力な保護や企業部門の要請に敏感な大学での活発な研究によってもたらされるインセンティブにある。ドイツ的システムが発展するのは、国際市場において品質の点で差別化されるような財――工作機械、自動車、エンジニアリング――を生産するために、作業者のゆたかな才能や多能性を想定するような全産業においてである。このような条件下では、国際貿易によってこうした特化が深まる。もちろんドイツの調整様式が、ドイツ再統一のコストやアジアの新興工業諸国による販路拡大――これらは、ドイツ産業家たちが享受していた競争上の利益を再検討に付している――によって不安定にならないかぎりにおいてであるが……。

国際化――新しい多様性の源泉

以上のような点から本書は、国際化の帰結を分析するため、この中心的テーマの開拓に向けて二つの独自な貢献を行う。第一に提示されるのは、コーディネーションの能力や形態はどのような製品をつくるかで大きく異なるということである。つまり、パソコンが象徴的な例だが、インターフェイス〔複数システムの境界面〕が決まると別々に作られた各種部品を組み立てていくといった、**モジュール生産**ができるような製品なのか、それとも自動車のように、複雑すぎて本来的に統合《インテグラル》方式で作られる製品なのかで、大きく異なるということである（第10章）。そこから企業幹部に対しては、「あなたの活動の中心にある製品のアーキテクチャ〔基本設計構想〕に通用しないのであれば、決して流行の組織諸形態を模倣しようとするなかれ」という核心的メッセージが出てくる。普遍的だとされ、それゆえいつでもどこでも無理やり適用され（第7章）、しかし実際はほとんどの部門にも適応できない原理が繰りかえし賞讃されながら、いくつかの経営様式が不断に再登場しているのだが、そういった経営様式との有用な対比がここにはある。

この同じメッセージはマクロ経済分析の領域で活用されている。というのも、二〇世紀中に少なくとも三つの組織的制度的アーキテクチャが観察され、そのうち二つのイノベーション——一つはシリコンバレー・モデルであり、もう一つはグローバル企業モデルである——は、その最後の一〇年に登場したことが示されているからである（第11章）。そうした各種アーキテクチャは、所与の同一時点で共存しうるのであるが、その理由は、あるいは各種アーキテクチャが異なった製品に対応するからであり、あるいは生産者が持続的に異なる制度的文脈のうちに位置しているからなのである。

この二つの結果は、企業の戦略や公的権力の政策に影響をあたえずにはおかない。第一に、例えば組織改革のプロセスに着手するといったやり方で明確な目標を定めることは、第二次世界大戦後の成長体制の崩壊によって引き起こされた不確実性に対応しなければならない企業幹部にとって、魅力的なことである。とはいえ歴史の示すところでは、フォードT型の大量生産の考案のように、その発祥の国では技術や組織のイノベーションはきわめて有効なのだが、戦間期イギリスでデトロイト企業の移植に失敗したことが示すように、これとはちがう国民的軌道という文脈のなかでは完全に不適応なことが明白になるかもしれない［Tolliday, 1998］。第二に、国際比較を上手に利用することが重要である。すなわち、私的セクターや公的セクターのよき慣行を検出し、それが当該地域で有効な制度的アーキテクチャと首尾一貫性があるかぎりで、その採用を促進することはたしかに賢明である。だが、ほとんどの場合、ある組織形態がミクロ経済レベルで無条件に普及したり、ある制度がマクロ経済的次元で無条件に普及したりするということはありえないことが判明し、その結果、多少とも長期にわたる模索の過程が始まり、ある独自な構図に向かって収斂していくのである。そしてその独自な構図にあっては、外国の「モデル」によって鼓舞されたいくつかの原理と、国内の社会・経済のいくつかの持続的な諸特徴とが組み合わせられている。あらゆる点から信じるに足ることだが、こうした**ハイブリッド化**の過程は——それは過去にしばしばあったことだ [Boyer, 1998] ——現代世界において進行しているのである。たしかに、その到達点を識別することはなお困難であるとしても、である。たしかに相違もあるとはいえ、以上が問題に対する本書の各種執筆者たちの合意点であるように思われる。日本における「ニュー・エコノミー」の女性起業家（第8章）、フランス多国籍企業の社長（第9章）、フランス（第7章）および日本（第10章）の二人の生産組織の理論家、比較制度分析の専門経済学者（第11章）は一致して、唯一のモデルへの収斂はありえないという核心的結論に到達している。こうした分析は、一九九〇年代、国際化やITの普及によって生み出されたたくさんの文献に逆らうものである。これは本書の独自性の一つをなす。

ヨーロッパは地域統合プロセスの象徴たりうるか

第二の一般的結論は本書の読み方に関係する。批判的な検討をへた後に本書は、グローバリゼーションの概念を相対化していくことになる。グローバリゼーションの概念は、旧時代の特徴たる国民諸経済のたんなる関係や並存に取って代わって、世界は完全に統合された一全体として機能することになろうという自明事の表現として、一再ならず示されてきた。本書の論者たちは、これとはまったく別な仮説に落ちつく一連の分析や確認を提起している。

第一に、きわめて明確に浮かびあがることだが、北アメリカ、ヨーロッパ、日本のパフォーマンスの序列《ヒエラルキー》は周期的に逆転しているのであり(第1章、第3章)、しかもこの逆転は、所詮は明らかに同等な生活水準を享受する同じ工業国クラブに属する諸国の内部自身において生じているのである。つまるところ、例えば昔の大量生産原理のように、同じ効率原理でも各国ごときわめて異なった形で変化するのである。

とりわけ第二に、地域統合の諸関係が緊密化されたがゆえに、一九九〇年代の特徴は経済情勢の非同期化にあることが浮かびあがる。アメリカでは、カナダやメキシコと締結した自由貿易協定によって、この新しい空間上での経済活動が大きく再展開し、それは北米空間の最大限の対外開放が意味するものよりもなお強烈なものである。欧州統合のプロセスでは、収斂期間中、ほとんどすべてのメンバー諸国の経済情勢が最後まで監視されたが、これは単一通貨採用のための準備をなすものであった。一九九九年以降、ヨーロッパには新しい情勢が出現したように思われるが、これはとりわけ経済の地平がある程度はっきりしてきたので、経済諸主体が再び楽観主義的となったことによって、大いに条件づけられている。フランスは、国民的枠組みを越えて組織された経済空間のうちに組み入れられたことから、最初はコストを、ついで利益を引き出した顕著な例である。この経済空間は、金融危機や

――例えば石油の――ショックさえも乗りこえて、国内活動の安定化を促進しているが、その土台をなしているのは国際化の現段階である。

こうした展望に立てば、アジアは反対に、通貨・金融の安定化のための地域的メカニズムの重要性を証明している。一方では、円相場の推移とこれに次ぐ日本の危機は、大企業の生産が国際化する動きを加速し、アジア諸国の国際分業において事実上の補完性が生まれる基礎をなした[Inoue, 2000]。だが他方では、政策決定機関でのコーディネーション手続きは、企業が開拓した国際化の程度とくらべるときわめて立ち遅れたままである。これはとりわけ通貨の分野に当てはまる。東南アジア諸国の一九九七年の危機は、大部分、国際金融の動態とくらべて、またIT関連の生産パラダイムの逆転にかかわる要請とくらべて、各国の通貨政策やそのコーディネーションが不適合であったことに由来しているのである（第6章）。

まさにこの文脈において、ヨーロッパの建設が意味をもつのであり、他の地域集合にとって実例的価値をもちうるのである。だがもちろん、各々の統合プロセスは、国民的軌道の強固な歴史性や特化・分業の独自的原理に結びついた特殊性という刻印を帯びているのであり、それはあたかも社会的・政治的構造が多様であるのと同じである。そうした条件は、北アメリカ、ラテンアメリカ、アジア、ヨーロッパで異なる。そこから、それぞれの地理的空間における政治権力の決定的役割もまた明らかとなる。本書は、それぞれヨーロッパ共同体およびフランスを代表する二人の外交官の発言で始まり、また終わっているが、その理由はここにある。政府の推進力とか、戦後的成長体制の枯渇によって必要となった政府による変化促進能力とか、地政学的・技術的な新しい持ち札への反応とかが、最終的には、以下の二つの軌道のどちらになるかを決定する判別要因であることが明らかとなることだろう。すなわち、出口のはっきりしない危機のなかで長期停滞に陥るか、あるいは、「ニュー・フロンティア」――これはしばらくの間「ニュー・エコノミー」のフロンティアであった――に向けてエネルギーを動員するか、である。だが、日本という苦悩の事例とアメリカという例外性の間にあって、ヨーロッパは、その統合プロセスの起源や状況にかんする特殊性を超えて、それ以上に第三の道――ヨーロッパという境界を越えたところでのインスピレーションの源泉――を明示していないだろうか。

グローバリゼーションの信奉者のなかには、国民国家が時代遅れとなった直接の結果として、政治の終焉を期待した者もいた。本書の思わざる結論は、政治の役割を再度前面に押したてることであり、その際、新しい政治の役割は、生産パラダイムの逆転に対応するものであったり、さらには市民の熱望の変化に対応するものであったりする。だが政治は、その規模、目標、ツールを変えなければならない。

Ⅰ　歴史的パースペクティブ

一九八〇年代と九〇年代を通じて、高度成長期から継承した経済的・社会的諸制度にさまざまな変化を与えるような出来事が相次いで起こった。国際金融体制の重みが増したことによって、こうした出来事が経済政策運営や企業戦略、さらにはアナリストや理論家の仕事に及ぼすインパクトもまた大きなものとなった。短い金融の季節が一九九〇年代を特徴づけたと言ってよい。その結果として、現在進行しつつある構造変化の方向や考えられる帰結を捉えることが長い間困難となってしまった。この時代を従来とは異なる角度から読み解くことが、歴史的パースペクティブの中に置くことの大きなメリットである。

1　世紀転換期のヨーロッパ

オブ・ユールヨーゲンセン
駐日欧州委員会代表部大使

世紀転換期に

歴史家が二〇世紀の経済史を振り返る時、二つの転換期――一九三〇年代大恐慌と一九九〇年代末――を画期とするであろう。後者についてはまだ名称がないが、「大変動」(Great Shift) と呼ぶことはできよう。この両期間の間、予期せぬ出来事やラディカルな諸変革によって、経済は巨大な圧力を受け、伝統的規範に大きな変化がもたらされた。この巨大な圧力を受けて、政治家たちは経済政策の目的や既存の諸制度の有効性について再検討することを余儀なくされてきた。今日でもなおそれは続いている。

もちろん、この二つの時代は大きな差異を有している。大恐慌の時には、あらゆる経済指標が破滅的に崩壊した。この危機の政治的帰結は今日でもなお感知することができる。これとは対照的に、一九九〇年代末にはいくつかの気がかりな危機——とりわけアジアとロシアにおける——が経験されたとしても、将来の世代は恐らくこの「大変動」を極めて建設的な変革の時代として思い起こすであろう。この諸変化のうちの一つは、間違いなくニュー・エコノミーと呼ばれるものの出現である。これは、ITによってもたらされ、先進国におけるいっそうの持続的な経済成長によって特徴づけられるものである。もう一つの変化は、二〇〇〇年初頭、連邦準備銀行総裁アラン・グリーンスパンが「二〇世紀における最も重要な通貨の出来事《イベント》」と呼んだユーロの導入である。ユーロは単にヨーロッパにおいて重要性を持つだけではない。それは世界的な繁栄と安定の新しい時代を補強する可能性を持っている。

大恐慌の時には、新たな諸制度や諸政策の形成は困難で、年月を要した。真の意味で完全雇用の状態に戻ったのは戦時に突入してからであり、一九四〇年代半ばにもまだ〔雇用に関する〕重要な政策決定が必要とされていた。その後、世界経済は成長が長く続く、信じられないような時代を経験することになった。今日、経済の出発点は、三〇年代より良い状態にある。しかし、非常に大きな挑戦《チャレンジ》が目の前に存在している。政治家の先見の明と、急速に変化する社会・経済環境という現実への各人の適応能力が決定要因となろう。

この挑戦に立ち向かうためには、各国経済の運営や企業経営のパターンにとって、「グローバル化」が何を意味するかについて定義することが是非とも必要である。

・一つの考え方としては、いくつかの収斂が不可避となり、その結果として必然的に均一な経済政策や制度配置が提案されるようになるというものがある。この場合、ニュー・エコノミーから取り残されたくないと思っている国々は、社会保障制度の改革をトータルに行わなければならないであろう。

・別の考え方としては、グローバル化がある程度の収斂を意味するとしても、ヨーロッパ・モデル、日本モデル、あるいはアジア・モデルの基本的な性格を消滅させる必要は全くないというものがある。グローバル化という挑戦に対応するためには、前項ほどラディカルではない解決策が不可欠となる。例えば、アメリカ・モデルを完全に模倣する必要はなく、社会保障や教育のシステムに関わる優先課題や労使関係を再編することによって、労働生産性や柔軟性《フレキシビリティ》を改善することができよう。

この後者のアプローチは、多くのEU諸国や日本によって採用されたものである。

収斂と独自性《オリジナリティ》

社会は、単一の「モデル」あるいは、似ているが同一ではない一連の「諸モデル」に向かっているのであろうか。この点について、いくつか言及したい。

第一の点は、アラン・グリーンスパンがニューヨークでの会議の席上述べたコメントに由来する。「もちろん、ヨーロッパと日本は、近年のこの発明《インベンション》と革新《イノベーション》の波に加わっており、最先端のテクノロジーを利用することができる。しかし、ヨーロッパと日本は、それらを適用するのに時間がかかっていた。労働市場のフレキシビリティが乏しいことが、重要なファクターであるように思われる。新しいテクノロジーによってもたらされる高い収益率は、大部分、労働コスト低減の恩恵によるものである。日本やヨーロッパでは労働者を解雇するコストがより高いために、同一の設備から得られる収益率は、アメリカ合衆国のそれより低い。アメリカでは、法的にも文化的にもフレキシビリティが容認されやすく、時間の経過とともに生活水準を向上させるテクノロジーの適用が促進されているのである」。アメリカ経済のパフォーマンスに到達するためには、ＥＵや日本はアメリカ・モデルに収斂しなければならない、とアラン・グリーンスパンは明言する。それは、避けられないのであろうか。それともヨーロッパと日本は、独自の方法を通じて改革を実現し、ニュー・エコノミーの恩恵を得ることができるのであろうか。ヨーロッパと日本は、新しいテクノロジーを利用するために生産や流通網の再組織化をはかり、同時に社会経済システムや社会保障制度の真髄を守ることができるのであろうか。

ヨーロッパに関して言えば、二〇〇〇年三月のリスボン・サミットの場で、これらの疑問について肯定的かつ具体的な答えが与えられた。リスボンにおいて、欧州理事会は必要な雇用拡大や持続的な発展について強調しつつ、デジタル時代に突入するためにヨーロッパ経済を現代的にする必要があることを明確に認め、表明した。eヨーロッパ（eEurope）〔電子欧州〕――EUを新しい知識経済において前進させる――やヨーロッパ企業二〇〇五（Entreprise Europe 2005）――ダイナミックな企業環境を促進し、リスクを取ることを奨励する――のような重要なイニシアチブによって、ヨーロッパはそのイノベーションの潜在能力や企業家精神を発揮できるようになった。他方、このサミットでは、社会保障制度を再整備し、人々の欲求に配慮した公正な社会を構築するために必要な措置のガイドラインが示された。

リスボンで発せられたイニシアチブは、ヨーロッパでの諸改革の端緒ではなく、むしろそのプロセスの加速である。単一市場の創設は、長期にわたって実施され経済・産業構造の改善をもたらした規制改革という形で、今日果実をもたらしている。それも、アメリカ経済と規模を競うただ一つの統合経済においてである。ユーロはさらにこのプロセスを加速し、補強するであろう。この五〇年のうちで初めて、ヨーロッパが経済政策の成功――低利子率、低インフレ、国債の削減、持続的成長の確実な展望――の恩恵に浴しているのは偶然ではない。それは偶然ではなく、ヨーロッパが採用した統合過程に固有の再編成に基づく直接的成果なのである。

リスボン・サミットでは、アイデンティティを捨てずに、そしてヨーロッパの経済システムや社会保障制度の本質的な特徴をなくさずに、構造改革を大いに前進させ、ヨーロッパのニュー・エコノミーへの移行を加速できることが示されたといえる。

ニュー・エコノミー

第二の点は、ニュー・エコノミーそれ自体に関わるものである。新しいテクノロジーは、財やサービスの生産方式や最終ユーザーへの流通方式に著しい変化をもたらす。これらのイノベーションによって、多くのベンチャー企業(start-up)が生まれた。それらの多数は、経済を革命的に変化させ、市場シェアの大半を占有する能力があると主張する。こうした自負は、利用形態が日々多様化しつつあるインターネットによるところが大きい。ジョセフ・シュンペーターの「創造的破壊」、すなわち古くなった技術から最先端のテクノロジーへと資本の配置換えを行うことは、よく目につくプロセスとなってきた。

景気循環に現れるこうした諸現象のインパクトは大きい。アメリカ合衆国では、一九九一年から二〇〇〇年までの間、景気拡大が記録的レベルに達した。他方、ヨーロッパでもこの間、低インフレと良好なマクロ経済パフォーマンスという状況下で高い成長を記録している。今日の景気循環が——ヨーロッパと同様にアメリカでも——戦後に観察された景気循環と異なることは、ますます否定できなくなっているように思われる。今重要なのは、ＩＴ革命から生じた生産性上昇分をどのように最適配分するかということである。それらは、社会全体に帰属すべきものなのか。そしてとりわけ、それらは企業経営にどのような変化をもたらすのか。

先進国でも発展途上国でも、企業責任が重要となっている。ロマノ・プロディ欧州委員長の言葉を借りれば、企業責任は「二つの方法で企業に利益をもたらすであろう。一方では、交渉が対立に取って代わる。社会的対立、例えば環境問題の責任に関する訴訟は、かなり少なくなるであろう。他方では、情報フローが促進され、コストのかかる過失を回避し、研究やイノベーションを適切な方向に導く」。

リスボン・サミットによって、次のことが明らかとなった。すなわち、もしニュー・エコノミーが「生涯学習の最善のあり方、労働組織、機会の平等、社会的同化、持続可能な発展に関して、社会的責任の観点」を伴わなければ、ニュー・エコノミーに長期的展望はない。ニュー・エコノミーは、いくぶん例外的な過渡的事象ではなく、一つのプロセスというべきものである。そのプロセスの中で、私的セクターは、ニュー・エコノミーを持続的なものとするために、自らの役割を果たさなければならない。

しかし、企業責任のこの新しい形態は必ずしも自然に現れるわけではなく、問題はまだ投げかけられたままである。政治家はいかにして、ニュー・エコノミーのダイナミズム、とりわけ「ベンチャー企業」のダイナミズムを阻害せずに、右の原則を推進することができるか。

グローバル化という状況下での経済的諸変化というテーマは、さらに別の諸問題を提起する。発展途上国もまたニュー・エコノミーの利益を得ることを、どのように最大限に保証するか。情報のデジタル化は、社会の内側や国と国との間で亀裂〔デジタル・デバイド〕を生み出す。この新しい現象にどのように取り組めばよいのか。二一世紀における持続的な経済発展は、この現象を制御する能力に依存している。この一〇年間は、経済史における転換期である。地球全体の繁栄は、大変動の諸挑戦にふさわしい解決策を採用する能力にかかっていると言えるであろう。

（注）原文は英文（仏訳はエミリ・スイリ）。

2　第一のパクス・アメリカーナから第二のパクス・アメリカーナへ

ロベール・ボワイエ

プロフィールは序説参照

イギリスが覇権《ヘゲモニー》を握ったのは、ただ一つの時代でしかなかった。その時代、イギリスは世界の工場となり、次いで、理論的には金本位制であるが事実上はポンド・スターリングに基礎を置く、世界の金融センターとなった。しかしほどなくして、イギリスの覇権は、アメリカの生産システムにとって代わられた。そして、二〇世紀はアメリカの覇権によって著しく特徴づけられた。一九八〇年代には、アメリカ経済の相対的衰退を目の当たりにして、多くの論者が二一世紀はアジアの時代であると予測した。しかし誰もが驚いたことに、それに続く一〇年は、先の予測とは全く逆に、北米がイギリス・モデルを辿らないことを示した。アメリカは、金融仲介における世界のセンターとなり、ＩＴの上に築かれた新しい生産パラダイムの実験室となった。こうした変化は、九〇年代を通じた先例のない持続的拡大と結びついていた。これらの構造変化がアメリカの高成長の基盤をもたらしたことは、多くの観察者たちの主張するところである。

第二次世界大戦後のように、アメリカ・モデルは再び非常に多くの国で多数の政治家、企業経営者、さらに世論さえも惹きつけているかのように見える。二一世紀は、再びアメリカの時代になるのであろうか。

アメリカ経済はなぜこれほどまでに影響力を持つようになったのか

ヨーロッパや日本において、ダイナミズムを回復するのに必要な諸政策に関する国民的議論の中心にアメリカ経済が置かれている理由としては、少なくとも次の四つの主要な要因が考えられる。

第一に、ソ連経済や東欧諸国の政治体制の崩壊は、資本主義世界と共産主義ないしは社会主義体制との間の、必ずしも平穏ではない競争に終止符を打った。アメリカ経済は、完全に競争相手に勝ったのである。東欧の世論の大勢において、アメリカ経済は市場経済と民主主義政治とのシナジー効果を証明したモデル、北米の生活水準に追いつくために追随すべきモデルとなった。市場経済とは長い間無縁であった人々にとっては、資本主義というのはどこでもおしなべて同じであり、同じ起源、すなわちアメリカに起源を持つかのように見える。しかし、もう少し注意深く観察するならば、同じではないことがわかる。

第二に、一九八二年のフランス、八九年のスウェーデン、九三年のドイツ、そして最後に九一年、九七年、二〇〇一年の日本というように、各国経済で構造的な経済危機への突入が相次いだことによって、ヨーロッパや日本の奇跡《ミラクル》の時代が終わり、それとは対照的にアメリカ資本主義が新たな技術的・地政学的環境に最も適応しているかのように見えた。右にあげた国々の政治家や企業経営者の一部は、ドーヴァーの彼方〔イギリス〕に、さらにそれを越えて大西洋の彼方〔アメリカ〕に目を向けるようになった。技術革新、経済成長、雇用創出を回復するための構造改革の処方箋をそこに見出そうとしているのである。九〇年代を通じて、アメリカは他のＯＥＣＤ〔経済協力開発機構〕諸国とは区別される存在となった。いま再び、どのような現代化戦略でも、アメリカ経済が象徴となる新しいモデルの妥当性や一般性と突き合わせをしなければならなくなっている。

第三に、一九九七年のアジア危機は、逆説的にもこのアメリカナイゼーションの第二波に強い推進力を与えた。まず、韓国、台湾、香港、そしてシンガポールのダイナミズムによってのしかかっていた脅威が、突如として軽減されたように思われた。もっとも、アジア経済の弱さを前もって診断していた一部の偶像破壊主義者たち [Krugman, 1998] にとっては別であろうが。次に、とりわけ重要であるのは、国際金融システム崩壊の危機を克服することができたのは、関係諸国を巻き込んだ多国間戦略の結果というよりも、——形式上の実行主体がＩＭＦ〔国際通貨基金〕であったとしても——アメリカ主導のかなり片務的なプランに基づいていた。皮肉なことに、アジアに対するＩＭＦの構造調整プログラムがあまり成功しなかったことによって、このアメリカのヘゲモニー回復は経済学者内部からの批判にさらされ、ワシントン「コンセンサス」なるものは損なわれ、打ち砕かれさえした。「すべてに同じ規格を」という戦略——この場合、すでにラテンアメリカに勧告された構造調整プログラムをアジアに適用すること——は、世界銀行の内部においてさえ批判された[Stiglitz, 2000]。この根底にある主要な問題が、この章のテーマと深く結びついている。すなわち、各国経済は、アメリカが船首像となる単一のモデルの、より小さな変種《ヴァリアント》なのであろうか。それとも、各国経済はさまざまな型を示すのであろうか。

第四に、アジアやヨーロッパで観察される不確実性や弱い成長とは対照的な力強さを持つ、アメリカナイゼーションの第二波を特徴づけたのは、一九九〇年代におけるアメリカの好況の先例のない長さである。レーガン政権とブッシュ政権の下で行われた構造改革、良質なポリシー・ミックス、連邦準備銀行の介入による低いインフレ率の維持が、景気回復の第一局面を説明するものであったといえる。しかし九五年以降には、七〇年代以来初めて全要素生産性が上昇している。また、利潤と投資も、九年間、上昇し続けている。「ニュー・エコノミー」という概念が、この先例のない成長体制に関する一つの主要な説明として出現した。それ以来、国際機関や各国政府は、アメリカをＩＴ分野での参照モデルとしているのである[OECD, 1999b]。

以上を要約すると、たとえ第三次世界大戦が勃発しなかったにせよ――だが、アメリカはスターウォーズで勝利したのではなかったか――、第二次世界大戦後とよく似た状況にあるといえる。すなわち、アメリカが地政学的ヘゲモニーを行使し、技術革新の先端に位置し、その経済は繁栄し、ダイナミックである一方で、競争相手であるアジアやヨーロッパは後塵を拝している。歴史は繰り返すのか。必ずしもそうではない、というのがこの章の答えである。

不死鳥のアメリカ――戦後と現在の二つのアメリカ・モデルはなぜ、どのように異なるのか

一九七〇年代と八〇年代を通じて、アメリカにおける生産システムのリストラクチャリングは、日本の挑戦に立ち向かい、大量生産方式を現代的にすることを目標としていた。重要なポイントは、品質、イノベーション、対顧客サービスに置かれていた。日本企業の北米への移植が、この目標への到達を可能にしたと思われる。しかし、アメリカの自動車産業や電機産業のすべてに対して移植の影響力が圧倒的であったわけではなかったため、その目標への到達は部分的でしかなかった [Boyer, Charron, Jürgens and Tolliday, 1998]。その当時、**トヨティズム**のアメリカナイゼーションではなく、電気通信、コンピュータ、ソフトウエア、金融革新の分野でのアメリカ企業の優位性を最大限に活用することが、アメリカ人にとっての切り札であったことに気づいたアナリストたちもいないわけではなかった。ある意味では、「**ウィンテリズム**」――言い換えれば、ハードウェア (Intel) とソフトウェア (Windows) のシ

ナジー効果――が、「ニュー・エコノミー」の真の源泉であることが明らかとなってきた。

この新しいモデルが大量消費の発展の上に築かれたフォーディズム的大量生産の無意味な繰り返しでは決してないことは、ますます明らかになってきている。このフォード・モデルは、今日ではもはや満たされることのない三つの基礎的諸条件を必要としていた。

第一に、製品差別化とイノベーションが、製品の高度な規格化を通じた生産コストの削減に取って代わった。それゆえ、生産性は、もはや必ずしも企業パフォーマンスや所得分配の中心をなすものではない。それは、今日、**eコマース**の普及によって奨励されている戦略、すなわち各消費者が支払おうとしている価格に応じた差別化された価格決定に取って代わられる傾向にある。成長の原動力は、もはやフォーディズムの支柱であった生産性の最大化ではない。したがって、国民経済計算統計は、財・サービスの短期間での更新と永続的な品質改善を基礎とした競争の結果を示すことには、もはや適していないのである [Boskin, 2000]。

第二に、雇用契約も次第に差別化されつつある。なぜなら、各産業部門は、仮に需要の変化を度外視したとしても、技術的変化や際だった構造変動の影響を受けているからである。アメリカでは、州によって規制が異なるという不均質性や、私的セクターにおける労働組合の影響力や労働者の交渉力の衰退によって、市場のフレキシビリティが増大している。それゆえ、フォーディズム時代に経済全体に拡がり、典型的となった団体交渉は、ほとんど姿を消すことになった。ここでもまた、第一のアメリカ・モデルの支柱の一つが崩壊する。

第三に、アメリカの国内市場はもはや対外競争から保護されてはいない。なぜなら、輸入品の浸透がここ数十年来続いており、アメリカの慢性的な貿易赤字は新しい成長体制の外向性を明らかに示しているからである。もしもヨーロッパやアジアからの巨額の投資資金の流入がなかったならば、おそらく、アメリカは九〇年代の好景気を経験することはなかったであろう。こうした動きは、アジア危機が勃発し、多くの短期資本がウォール街のマーケットに逆流してきた時に確認された。アメリカ人のニュー・エコノミー信仰と結びついた、この資本還流は、ニューヨーク株式市場やナスダックで観察される金融バブルを理解する上でのキー・ファクターである。フォーディズム的成長戦略が今日のアメリカではもはや機能しなくなっている第三の要因がこれである。

以上のことは、技術革新がいまだ主役であるものの、その中身が機械・電機からITを基礎とする経済と関連した財・サービスに移行したことを含意している。実際、この部門のダイナミズムが、シリコンバレーのベンチャー企業のように新たな金融手段の創出と不可分であることは、多くの兆候が示唆するところである。こうした金融手段によって、これらの諸企業のための流動的で深みのある株式市場の創設が可能となったのである。それゆえ、いま姿を現しつつあるアメリカの体制は、フランス語で「**資産資本主義**（capitalisme patrimonial）」[Aglietta, 1998]、英語で「金融主導型体制（finance-led regime）」[Boyer, 2000] と呼ばれるべきであろう。以上のように、この新しいアメリカ・モデルの起源となる諸要因は、一九六〇年代に支配的であった諸要因とはまったく別個のものである。

グローバルな金融体制が、この新たな構造の中心部分をなす。国境を越えた巨額の資本移動、金融手段の多様性、その分野でのイノベーションの増大によって、金融の役割が強化されることになった。それとは対照的に、物質的な豊かさや労働者の能力は国民経済と深く結びついており、より長期の訓練期間を経て初めて発展する。このような理由から、新しい金融の規範《ノルム》は世界の他地域にも普及する傾向にあり、アメリカの金融機関が要求するものに似た高い株式投資収益率を前面に押し出している。これは、より低い資本収益率の水準でよしとしていたドイツや日本のような国にとって、根底からの構造変化を意味する。

アメリカの年金基金や投資会社を通じて株主価値が世界中いたるところで拡大することによって、企業目的は変化し、さらには完全な見直しさえ迫られることになった。かつて、フォーディズム的ないしはトヨティズム的企業は、企業経営者と長期雇用労働者との間の安定的な妥協、すなわち株主には不利益を与えかねない妥協を配置していた。株主は、より少ない配当、より少ないキャピタル・ゲインしか受け取ることができなかった。現代の経済においては、ミューチュアル・ファンドのようなものによって、株主たちは利益を共有し、より効率的に利益を防衛することができるようになっている。それゆえ、株主と経営者との間の新たな同盟が陽の目を見たということができよう。伝統的な分析 [Berle and Means, 1932] は、有効性を失ったかのように見える。それは、株主に対する経営者責任、透明性、株主価値を前面に出したまったく新しい理論に取って代わられているのである。

労働者たちは、たいていの場合、この金融支配の諸結果を受け入れることを強いられている。企業パフォーマンスの基準は、もはや生産性ではなく、大企業を分割・縮小した各プロフィット・センター

〔利益責任単位。一般に、独立採算制に基づく事業部・工場・課などの組織単位を指す〕における資本収益率である。こうした変化により、独立したプロフィット・センター間の、企業内部での競争を組織することが可能となる。資産資本主義体制――金融主導型体制――[Orléan, 2000]の下での予測の大きなボラティリティ〔株式や債券の価格、為替レートなど対象資産の変動性〕は、マクロ経済環境の不安定性の要因となる。このため、今日、雇用や労働時間は不安定な状況により感応しやすくなっている。それゆえ、トヨティズム体制と結びついた雇用の安定性が再び問題となるのである。さらに、労働組合の弱体化によって、企業は非常に差別化された雇用契約を創出し、賃金上昇を抑制することが可能となっている。というのも、失業率が上昇傾向にあるからである。フォード・モデルで起こったこととは逆に、労働者たちは、以前は企業が取っていたリスクを部分的に肩代わりしなければならない。利益分配、企業の株式を組み込んだ貯蓄プラン、企業幹部のためのストック・オプションの発展・普及によって、労働者の所得形成においてもそれだけ独創的なメカニズムが示されている。

したがって、戦後と現在との二つのアメリカ・モデルが非常に異なることは、何ら驚くに値しない。前者は、生産や社会的諸制度の現代化を前面に押し出していた。後者は、金融支配とその企業経営への組み込みとの上に築かれている。このモデルは、一九九〇年代末に圧倒的多数の支持を受けていた。ヨーロッパやアジアのビジネスマンが今日訪れるのはシリコン・バレーであり、もはやデトロイトではない。ＩＭＦはアジアにおいて金融自由化を奨励し、ＯＥＣＤは透明性のあるガバナンス様式や労働制度改革を促進している。……そして、ナスダック型の新しい金融市場が世界中いたるところに拡がってベンチャー・キャピタルを支援し、ハイテク分野における新進企業の上場――ＩＰＯ（Introductory Public Offer）〔株式の新規公開〕――、そして最終的にはＩＴを支援している。

アメリカ・モデルが模倣者を生み出し、世界中に輸出されるのはこれが二度目であるが、類似点はそこまでである。金融市場の純粋な論理《ロジック》の上に築かれているわけではない資本主義のさまざまな諸形態は、いったいどうなるのであろうか。この問いは、ヨーロッパや日本にとってとくに重要である。

新たなアメリカナイゼーションは資本主義の多様性と対立するか

第二次世界大戦末期に形成された政治同盟が維持され、また国際情勢が各国の国民的政治選択に過度の制約を課していなかった時には、さまざまな型の資本主義は競争的というよりむしろ補完的な関係にあった。それら各々が、自国に存在する諸制度を最大限に活用するような特化を展開していた［Amable, Barré et Boyer, 1997a］。生産や投資の国際化が進展するのにともない、非常に補完的な特化の発展がもたらされた。一九九〇年代における日本の金融バブル崩壊、ユーロ創設にいたるまでのヨーロッパの不確実な進化過程、そしてとりわけアメリカにおけるまばゆい拡張は、資本主義の四つの主要な諸形態――市場志向型（アングロサクソン諸国）、企業集団支配型（日本）、社会民主主義型（スカンジナビア諸国とオーストリア）、国家支配型（フランスと南ヨーロッパ）［Boyer, 2001a］――に著しい影響を与えた。

日本では、とくに一九九七年以降、経済的展望はとりわけ予測不可能なものとなった。明確な経済回復が見られないことによって、金融システムは不良債権の蓄積につながる悪循環へと追い込まれた。その結果、投資や消費における待機主義を強いられている。第二次大戦以降に作られた制度体系は、かつてないほどの試練にさらされた。雇用調整が緩やかであることや企業・メインバンク間に緊密な関係が存在することによって、強い慣性《イナーシャ》がもたらされている。そして、その慣性が、景気後退に直面して利益を縮小させ、その結果、投資も縮小させているのである。しかし何よりもまず、資産価格の下落、さらにその延長としての消費者物価の下落をもたらしたのは、金融バブルの崩壊である。金融バブルの崩壊は、銀行システムの安定性に大きな不確実性を与えている。日本経済が不況から早急に脱出することは、八〇年代までのケースとは異なり、多くの要因によって阻害されている。

ヨーロッパでは、さらに深刻な脅威が、国家管理型ないしは社会民主主義型の「調整《レギュラシオン》」に重くのしかかっている。例えば、普遍主義的な社会保障制度を維持することは、次第に困難となってきている。社会保障費負担は生産コストを引き上げ、その結果、大企業はコスト削減のために生産拠点を海外に移している。しかしながら、大量失業と闘い、成長を取り戻そうとする正当な期待の下で、諸政府が金融システム改革、社会保障制度改革、労働市場の規制緩和などの諸改革、すなわち市場型資本主義に典型的な諸制度の導入を目指す諸改革を採用する時、より深刻な脅威が存在する。ある一つの市場型資本主義において効果的な諸改革も、他の諸形態においては全く不適切であり得ることが判明しているのである [Aoki, 2001; Boyer, 2001b]。それにも関わらず、世界貿易機関（ＷＴＯ）やＯＥＣＤのような国際機関は、こうした規制緩和や「市場への回帰」の動きを普及させる方向で働きかけている。

これは、アメリカ、カナダ、メキシコ間の自由貿易協定（NAFTA）に関しても同様であり、少なくとも部分的にはEUにも当てはまる。強力な共同体的諸制度を創設する合意に達しない限り、EUは単なる自由貿易区域になり下がるおそれがある。いずれにしても、こうした形勢は、純粋な経済決定論に基づく必然的帰結というよりは、むしろ政治的な企てなのである。

戦後に支配的となった政治同盟が断ち切られたことは、新たな時代の始まりを表していた。「栄光の三〇年」の間、繁栄した資本主義の諸形態は、社会的公正という目的と動態的効率性の刺激とのシナジー、すなわち生産性と生活水準を同時に上昇させることを促進するものであった。しかし一九九〇年代末、アメリカは、力強い復活を実現することによって、国際関係に経済諸改革のスケジュールを強制し、「良い」政策であるとかれらが考えるものを受け入れさせることが可能となった。こうした傾向に照らしてみると、各国に競争概念を持ち込むことは、単に経済効率の問題ではなく、政治的影響力や権力の問題であることが、かれらにとって明らかとなった。実際、出現しつつあるこの新たな国際体制に制約されて、市場により支配される調整様式に優先権《プライオリティ》が与えられた。というのも、そうした調整様式は、短期ではフレキシビリティという要請に、中長期ではラディカルなイノベーションを生み出すための経済的リストラクチャリングや組織形態の再編という要請に、よりよく対応するからである。以上が、アメリカやイギリスで観察される市場志向型の資本主義が発する魅力や幻影に、資本主義のさまざまな諸形態が「絡め取られた」ように思われる理由である。

こうしたフレキシビリティに向かう競争は次の四つの要因が結合した結果であるが、それらは同等ではないので、区別して認識することが重要である。

まず最初に、市場型資本主義が、金融革新において最先端に位置することは事実である。そのうえ、アメリカやイギリスはその歴史的な地位によって、国際的規模で必要とされる金融仲介機能の大部分を提供することが可能となっている。しかし、金融革新はある特殊性を有している。つまり、金融革新には、技術革新や組織革新よりももっと急速に普及するという特徴がある。現代経済においては、金融体制が制度的ヒエラルキーの頂点を占める傾向にあるため [Aglietta, 1998]、「調整」様式はそこで必然的に変化せざるを得ないのである。

次に、この市場型資本主義は、自由貿易原則が適用される対象国の数を徐々に増加させるよう、国際機関で働きかけていた。貿易と投資におけるこうした開放は、アウタルキー型の成長モデルでは考えられなかったような特化をもたらす。しかし、それは、制度的遺産の性質に依存する方向性や拡がりに従って、組織・制度の再格付けや再同期化を要求する。

そして、さらに重要な現象である金融のグローバル化が、新興国の工業製品貿易への統合と同時に進行している。それゆえ、国際システムは、一九六〇年代ないしは七〇年代と比較すると、定型的ではない新しい流れをたどることになる。実際、国民的レベルで制度化された妥協的交渉や公的介入によって不確実性を削減することを目指した調整形態とは反対に、国際的な統合は不確実性のムードを蔓延させている。

最後に、一九九〇年代の国際情勢の中で、市場による調整《レギュラシオン》が著しい効率性を示し、繁栄したために、そしてアメリカがその地位ゆえに、ゲームのルールの大半を決定することが可能となっているために、他国の政治的指導者は、全体的にであれ部分的にであれ、市場型資本主義の諸制度を採用するよう強い圧力を受けている。それも、イギリス資本主義は保守党政権の努力にもかかわらず、アメリカ資本主義ほど魅力的な参照モデルではなくなっているため、たいていの場合は、典型的にアメリカ的な諸制度の採用が求められている。それゆえ、世界中で第二のアメリカナイゼーションが起こっていると言っても、言い過ぎではないように思われる。

実際、状況の巡り合わせを競うこのパワーゲームは、資本主義のさまざまな諸形態（大企業型資本主義、国家主導型資本主義、社会民主主義型資本主義）の将来展望にとって、恐るべき挑戦となった。否応なく、各国政府は真の市場経済を構成するかのように見えるあれこれの諸装置を導入しようと試みた。しかし、市場による調整《レギュラシオン》は、いかなる場所やいかなる時においても、そしてあらゆる点で、他の組織諸形態に優るというにはほど遠い。アメリカの例を引き合いに出そう。アメリカは、一九九〇年代半ばまでは、生産性がほとんど変わらない状態を経験していた。仮に賃金引下げというフレキシビリティを採用することによって、時代遅れの生産方法を成長力ある生産方法に変えることが可能になるのであれば、より効率的な方法を研究するための革新のリスクを取る必要があるであろうか。市場による調整は、そのまま放任されれば、所得、生活水準、さらに資産の不平等の増大に行き着く。過去においては、国家、大企業ないしは社会民主主義アプローチによる調整形態によって持続的な成長が確保されていたが、それと同様に、〔国民〕総所得の分配ルールを交渉し、不平等が封じられた社会で持続的な成長を確保することが、企業にとっても諸政府にとっても好都合なのではなかろうか。「アメリカ・モデル」の成功は、資本主義のさまざまな諸形態が存続し、その各々が生活水準を改善し、民主主義社会に固有の緊張を次第に緩和するという仮説を否定するかのように見える。もし、通貨に関するグレシャムの法則を資本主義に当てはめるならば、九〇年代は「悪い調整《レギュラシオン》が良い調整を駆逐する」例外的な時代であると結論づけたくなるであろう。しかし、この将来展望は宿命ではない。というのも、他の諸勢力がこうした傾向に対抗しているからである。

第二のアメリカナイゼーションの渦中にあっても息を吹き返す資本主義の多様性

これまで述べてきたような長期的視点に立った分析は、多くの金融市場に典型的な「短期主義」、アカデミックな研究にも浸透してきている近視眼的見解とのバランスをとるというメリットを有している。結局のところ、資産資本主義（金融主導型体制）は、フォーディズム体制と比較すると、必ずしも安定的ではなく、普遍的でもない。次の三つの議論が考察に値しよう。

（1）新たな体制を分析する際によくある間違いは、プロセスの最初の段階が変化せず永続的に続くと考えることである。別言すれば、過渡期に特有ないくつかの特徴が、無限定に一般化されているのである。すでに一九二〇年代に、経済学者たちは、大量生産システムの出現によって、景気循環のない「新しい時代」が生まれたと結論づけていた。しかし、その後、一九二九年の株価暴落とその結果発生した大恐慌を経験し、多くの金融業者が「木は決して天まで伸びない!」ということを多大な犠牲を払って学習した。画期的なイノベーションの期間は、組織、制度、価値観、つまり一言でいえば社会全体の構造調整が起こることなしには果実をもたらさない。そして、この調整は、しばしば景気後退、さらには不況のような形態を必要とする。これがジョセフ・シュンペーター [Schumpeter, 1911] のメッセージの核心であった。「ニュー・エコノミー」もその例外ではありえない。金融革新が組織革新や技術革新の緩慢な学習・習熟プロセスよりも早いスピードで進めば進むほど、このメッセージの妥当性は増す。長期では、利潤率は金融市場で決まるのではなく、生産技術を考案する能力によって決まるが、その動きは中長期的なものである。資本主義の長期での成功は、生活水準の事後的な向上を保証しつつ、一面ではコスト削減により動態的効率性を展開する能力、そして他面では恐慌時などに固有の不均衡を是正する能力によって説明されることを想起する必要がある。もし、こうした事情にあるならば、次のように言うことができよう。すなわち、国家主導型や大企業主導型の資本主義モデル、あるいは社会民主主義型の資本主義モデルは、国際的な貿易と投資のルールが進化する過程で、国際体制によって一定の安定がもたらされるならば、このゲームに勝つことが可能となる。

(2) フォーディズム・モデルは、近代的な企業家と労働者にとって、とりわけ魅力的なものであった。実際、かれらが結んでいた賃金妥協(生産性と賃金との交換)が、まさに一国的枠組みの中で成長に適合的な経済体制を再現したからである。そこでは、正当性を認められ、介入のための効果的な手段を有する政治力によって、調整が行われていた。第二のアメリカナイゼーションは、労使という社会的パートナー間の妥協には向いていない。むしろより安定性の悪いものである。新しいテクノロジー（IT）は、現在、世界的規模の市場で着想されているため、その分野で遅れた国々が遅れを取り戻すことは難しくなった。さらに、そうした戦略は恐らく望ましくはない。というのも、アメリカのイノベーションや特化の補完となるに過ぎないイノベーションや経済的特化を強化するよりも、これらのテクノロジーを利用する方が有利でありうるからである。この例に限ってみても、ドイツのイノベーション・システムは、アメリカのイノベーション・システムとは逆のイメージである。その結果、ドイツの強さはアメリカの弱点であり、またその逆でもある [Hancké, 1999]。このように、多くの国民的特質が、国際経済におけるある種の規則性や予測可能性という文脈《コンテキスト》の中で構造的な競争力を保っている以上、それら多くの国民的特質が存続することはありうる。

（3）第二のアメリカ・モデルは、金融革新とＩＴの上に築かれたものであり、その性質上、第二次世界大戦後のアメリカ・モデルと比べて対称性を欠くものである。しかし、それは情報技術分野でのアメリカの技術的優位のみによるものではない。というのも、イノベーション・システムにおける多様性の存続は、大いにありうるからである [Amable et al., 1997a]。実際、アメリカ経済、そしてそれより小さな規模であるがイギリス経済も、金融仲介の中心にあり、金融手段のイノベーションに君臨している。周知のように、金融の役割は、日本、ドイツあるいはフランスではより小さなものである。したがって、単純なマクロ経済モデルによって、次のことが示唆される。すなわち、典型的にアメリカ的な金融革新（ストック・オプション、年金基金、株主価値……）の導入は、労働者にとっても、企業にとっても不利益であること——たとえ、ある限界値までは、アメリカにおいて有益であるとしても——が示される可能性があるということである [Boyer, 2000]。それゆえ新たなアメリカ・モデルは、旧いアメリカ・モデルよりもア・プリオリに特殊なものであり、他の国がほかの体制を追求する場合に限ってしか将来性のあるものではない。この結論が正当化されるならば、他の型の資本主義は抵抗《レジスタンス》や自国に未来を約束する適応能力を示すことができよう。逆にそうしたことから、諸改革が無益であると結論づけてはならないが、それらの諸改革は、無批判・無分別なやり方でアメリカの諸制度を模倣することを目的とすべきではないであろう。

第一のアメリカのモデル、すなわちフォーディズム・モデルは、フランス例外主義に終止符を打つべきものとして、現代の多くの観察者たちに認識されていた [Kuisel, 1993]。同様の観察は、日本やドイツについても行われていた。事後的に見れば、戦間期から継承された社会的・政治的構造や生産構造が衰退ないしは破壊され、大量生産方式に適応しようとしたことが確認できる。しかし、**ハイブリッド化**のプロセス——すなわち、一国の社会的・政治的・制度的文脈へ他所からイノベーションを導入し、適用すること——によって、最終的には新たな多様性が創出された。一つの時代全体が経済システムの収斂理論の力強い再来によって特徴づけられる今日、これは重要な、少なくとも逆説的な結論である。こうしたハイブリッド化の意図せざるプロセスが進行していることは、多くの指標から推測できる [Berger and Dore, 1996]。確かに、時代遅れとなった多くの組織や制度が解体ないしは浸食されているが、国民的特殊性という抵抗《レジスタンス》によって、資本主義の諸形態という多様性の再創出により特徴づけられる国際経済の構想を描くことが、今からすでに可能となっているのである。

II 各国別軌道の対照性

国際化が深まってさまざまな国民経済の相互依存が増大したとよく言われ、なかには国民国家の終焉を予想するアナリストさえいる。しかし実際の観察から得られるのは、アメリカ、アジア、ヨーロッパでのマクロ経済の推移は大きく異なっているということである。加えてまた、驚くべきことに運命の反転が生じ、一九八〇年代にモデルとなった諸経済が危機に陥り、逆にアメリカが活力を取り戻し、その結果、日欧の当局者間にライバル意識が醸成された。それゆえ、こうした逆転の理由を分析し、地域統合プロセスの重要性を示すことが肝心である。

3　アメリカ、日本、ヨーロッパ
——一九九〇年代の逆転——

ケネス・カーチス
ゴールドマン・サックス・アジア副会長

成長の要因を分析することはそう簡単な話ではない。というのは、世界経済を長期的に見るならば、ある時はいくつかの経済が繁栄と成長を謳歌し、またある時はそれらが危機に陥ったり持ち直したりするからである。こうしたプロセスを説明するのは大変な難問である。パーツの配置を少し変えただけでも、全体の輪郭はその形を変え、最終的なイメージが固まるまでには時間がかかる。例えば一九九八年初頭、韓国の外貨準備はもはや底をついていた。二〇〇一年三月、韓国には九五〇億ドル以上の外貨準備があると通貨当局は発表した。一九九八年、世界経済は一大金融危機の瀬戸際にあり、一九三〇年代以来最大の経済危機に突入する恐れがあると見た観察者もいたほどである。それでもなお、一九九八年から二〇〇〇年の間、世界経済は四・五―五％といった割合で成長した。

それゆえ、一九五〇年代から九〇年代初頭にわたる時期に、北アメリカ、アジア、ヨーロッパといった三極で採用されていた諸経済モデルを回顧的に分析しておくのがよかろう。つぎに、一九九〇年代に起こった転換の本質を分析する必要がある。そうした転換は、諸経済の比較パフォーマンスにおけるある重要な変化とかかわっているからである。結論として、今日の経済的諸課題とのかかわりにおいていくつかの大きな方向性が明示される。

三大圏域――一九八〇年代までは拮抗していた日米欧の経済パフォーマンス

第二次世界大戦後の時期の特徴は、三大圏域において経営方式の相違があるにもかかわらず、工業化された諸経済がある種の収斂をみせたことにある。

冷戦の五〇年間、アメリカは自国の経済を本質的に自由主義的な枠組みにおいて編成し、その最後の頃には強力な規制緩和の努力が注目をあびた。GNP中の公的支出および社会的移転の割合で見ると、全期間を通じて、社会保障と国家の経済介入は、国防費を除いては小さいままにとどまった。成長は消費に主導された国内市場のダイナミズムに支えられていた。

これと対照的に大陸ヨーロッパでは、社会的市場経済が支配的となり、そこでは国家が経済運営や労使関係の調停において重要な役割を演じた。そして市民は手厚い社会保障の恩恵を受けていた。

この同じ時期、日本は、よく知られているように国内市場での競争があったとはいえ、きわめて統制経済的（dirigiste）な、「開発主義的」（développementiste）な経済モデルのなかにいた。国家は重要な役割を演じたが、それはGNP中の公的支出の割合で測った経済の次元ではなく、産業上の戦略にかかわる多面的介入をとおしてであった。それゆえ国家は資本供給面や、経済発展の方向や産業部門の選択の面で役割を果たした。この時期には事実上、企業付加価値中の賃金シェアの抑制、低めの消費成長、社会保障の抑制と引き換えに、暗黙のうちに完全雇用を保証するという一種の社会契約が支配していた。こうして企業は大量の投資ができるようになり、純輸出が経済成長で大きな役割を担った。

この三つの経済運営モデルの間にどんな相違があろうとも、それを歴史的パースペクティブのうちに置いてみる時にはとりわけ、どれもがめざましい経済パフォーマンスを生みだしたということは、注意しておくに値する。これらの三モデルは歴史の刻印を帯びているのであり、とりわけ一九三〇年代恐慌からの脱出経路の相違（第1章）や、第二次世界大戦終結時の特徴をなす経済的・政治的・社会的諸条件などがそれである。おまけに冷戦の戦略地勢学的要請も加わり、さらにまたこれら三地域に固有な社会的・文化的・歴史的諸条件も加わってくる。

一九九〇年代における分岐とその理由

これら三圏域間の経済パフォーマンスは、一九八〇年代に大きく分岐するようになった。というのも一九七五―一九九〇年の年平均成長率は、アメリカで三%、日本で三・八%、ヨーロッパで二・九%であった。一九九〇年代にはこうした順位が逆転し、アメリカで成長が加速し、反対に日本とヨーロッパで減速した。一九九五―二〇〇〇年には、アメリカでは一時的な鈍化がいくつかあったとはいえ、年成長率は四%を超えた。これと対照的に日本とヨーロッパは、一九九〇―一九九五年は〇・七五%の成長率であり、先行する一五年の平均をはるかに下まわった。一九九七年以降、ヨーロッパでは成長が回復したが、日本では回復しなかった。というのも日本では、マクロ経済の展望は以前よりも不確実となり、それ以来、日本経済はデフレの淵にあるからである。

こうした分岐が起こった理由を自問してみる必要がある。このような反転にはいくつかの要因がある。

第一に、ヨーロッパおよび日本で有効であった運営モデルの経済的――そしておそらく政治的――基礎が掘り崩されたまさにその時、冷戦が終結した。ヨーロッパは各種の金融ツールをとおして、冷戦下で生じていた一般的政治状況を支えるための社会政策――しかもこれは必要な政策である――を維持しえていたが、そうした金融ツールを見つけるための能力が侵食された。

第二に、GATT〔関税と貿易に関する一般協定〕での三〇年近くにわたる交渉があり、またその後のW

TO〔世界貿易機関〕の設立により、国際関係の自由化が進んだが、それはとりわけ資本市場における対外開放度の拡大をもたらし、その結果、政治的介入による資本配分の方式――冷戦期の日欧の経済運営モデルに固有な方式――がいかに非効率かが照らしだされることになった。このモデルは社会的経済的なコストがかかるのだが、そのコストが、最小のリスクで少しでも大きな収益を不断に求めながら、国際市場できわめて流動的に動きまわる資本の運動と両立しなくなったのである。

加えて第三に、移行経済――あるいはもっと正確には経済的転換――の諸国が今日いくつかあるが、そこでは、資本であれ労働であれ、さらには情報であれ技術であれ、あらゆる生産要素の流動性に高い価値が置かれている。この件についていえば、日本とヨーロッパは、その経済運営のスタイルゆえに大変な遅れをとっている。資本市場の開放と同時に、一九九〇年代を特徴づけるのは、大規模な金融仲介活動《ディスインターミディエーション》の中断の動きに、つまりは金融市場の制度的編成における大転換に突入したことである。印象的な例をあげれば、一九九八年時点で、カナダの証券市場はドイツのそれよりも大きかったが、それというのもドイツでは、投資の中心は銀行融資であったからである。他方、アングロサクソン諸国では、こうした資金調達は大部分が資本市場で行われる。日本の銀行にあっても同じ問題に直面し、二〇〇〇年、その信用総額がGNPの一四八%にのぼることが分かるに及んで、問題はいっそう深刻化した。ドイツでは銀行貸付総額はGNPのわずか六九・二%であり、アメリカの比率は何と三八・一%であるが、その一方で、投資率はいずれもほぼ同じなのである。

ITにおけるアメリカのパワー

最後に、第四の要因によって日欧の運営モデルが動揺し、一九九〇年代にみられたアメリカ経済の加速的成長が促進された。それは巨大な技術革命であり、それがもたらす帰結について企業やユーザーはほとんど予見できていない。ひとつの経済的技術的な革命――それはほどなく社会的・政治的な革命にもつながる――が動きだしたのであり、これは企業が電気を体系的に制御しはじめた一八九〇年代に見られたものに匹敵するということが想起されてよい。この場合の転換は三〇年後、フォーディズム的生産モデルに到達し、このモデルは工業生産だけでなく、サービス組織にも適用された。一九九〇年代はこうした革命の最初の一〇年に対応しており、労働のやり方や内容、それに生活スタイルまでもが激変をこうむっている。必要な修正を加えれば、これは一九世紀末に経験した激変と同類である。この動きは政治的および戦略地勢学的な帰結なしではすまない。この革命には二重の構成要素がある。

この革命は第一に、情報処理そのものにかかわっている。簡単にいえば、現代の技術によって生産者と消費者は直接に契約を結ぶようになり、一九八〇年代および九〇年代、とりわけ北米の金融市場で行われたのと同じタイプの金融仲介が、財・サービス市場において行われるようになった。こうした転換はいまや、ヨーロッパや日本でも現われはじめた。

こうしたIT革命は企業のバーチャルな統合をとおして、萌芽的に企業組織の転換をもたらす。今後しばらくは、もはや誰もインターネット企業と非インターネット企業について語らないだろうし、あるいは「ニュー・エコノミー」とオールド・エコノミーを対置させはしないだろう。というのも、こういった区別は乗りこえられるだろうからである。つまり、すべての企業がインターネット企業となるか、あるいはそうならないかなのである。もちろん、意思決定において国家が重要な役割を演ずる経済にあっては、私的企業のバーチャルな統合のレベルによって可能となる迅速性を前にして、政治プロセスに固有な官僚組織は、そうした意思決定がなされねばならない速度それ自体によって不安定化する。

だがこの革命は、情報セクターだけにしか関係しないというのではない。というのはバイオ革命もまた始まっており、これは情報革命と連動しているからである。こうした変化によって、日欧の経済運営モデルはさらに根本から動揺し、これと対照的にアメリカ人は一九九〇年代以来、有利な立場にある。一九八八年、アメリカ企業の投資の一六・八%がニュー・テクノロジーに向けられ、他方、日本の比率は一七・二%であり、その差はごく小さかった。一〇年後、この同じ比率はアメリカで三九・一%であるのに対し、日本では一五・八%に落ちこんだ。一九九九年には、アメリカはリードをさらに強めて四三・四%となり、他方、日本は一九・四%にまで回復したので、転換点に差しかかったかにみえる。見たところヨーロッパは、アメリカの動きを六、七年遅れで追いかけており、このギャップが重要なものとなっている。このギャップが一、二年しか続かないのなら大したことでないが、それが一〇年にも及ぶ時、遅れが積み重なって大きなものとなる。さらにまた、この技術革命は残酷にも、資本配分における経済的非効率を未曾有の迅速性と暴力性をもって浮彫りにする。経済はまたリスクのある投資への大々的な資金調達《ファイナンス》を必要とするようになったが、これは銀行金融によるよりも資本市場による方が確実である。これもまた、アメリカ型の経済金融構造に有利な現代的情勢のもう一つの側面である（第2章もみよ）。

第五の相違によって、アメリカとそれ以外の大部分の国が分かたれる。アメリカは一九八〇年代、自国の経済やその金融構造の整理を実施したが、他方ヨーロッパは、同じ戦略を遅まきにしか開始しなかった。マーストリヒト条約の締結や、これに次ぐ一九九九年一月のユーロ発行がそれである。日本についていえば、当局はこうした「掃除」にほとんど着手しなかったのだが、実際にはしかし、日本はヨーロッパ以上に掃除が必要だったのであり、アメリカが年月をかけて上手におこなった掃除以上のことが必要だったのである（第5章をみよ）。

その結果、アメリカの一九九〇年代に特徴的なことは、一九七〇年代の趨勢よりも明らかに高い経済成長であり、とりわけ日欧に対して成長率で逆転したことである。私の分析によれば、このアメリカの成長加速の約四分の三はこうした制度的変化に由来し、四分の一は減税および財政健全化という政策の結果である。アメリカほどの規模をもつ経済でこれが一〇年間累積すると、それはほとんど韓国のGNPに匹敵するほどになる。同じ時期、日本は逆行的で調子はずれな動きをみせ、他方、ヨーロッパは一九九七年以降、好転したかに見える（第4章をみよ）。

日本の状況——深刻だが絶望的ではない

日本の経済情勢の成り行きを明確にすることは容易でない。例えば二〇〇〇年七月、第1四半期の経済動向指標にもとづき、日本経済が力強く始動する可能性について、ある種の楽観論が支配していた。二〇〇一年三月になるとこの希望はどうやら裏切られたようである。というのも第4四半期にはGNPが落ちこみ、一年間にわたって景気低迷が見られたからである。二〇〇〇年という年は、こうした危機の終わりの始まりではなく、むしろその始まりの終わりを意味していよう。こうした診断は以下の四つの理由によって弁護される。

第一に、日本経済は相変わらず膨大な負債に押しつぶされている。二〇〇〇年六月には、七つの大企業——その資産総額は九二〇億ドルにのぼる——が倒産するとともに、こうした動向が続いた。そして二〇〇一年三月にはもっと深刻になった。例えばGNPに占める銀行の有価証券類の水準から言えることは、一〇年前とくらべて、日本の経済的基盤が確実に弱体化したということであり、その結果、経済がほんの少しでも鈍化すると新たな不良債権の波が押し寄せるということである。

第二に、ニュー・テクノロジーにおいて、もっと一般的には「ニュー・エコノミー」にかかわって、日本は研究面で顕著な遅れをとった。一九九〇年代末には、アメリカでこの技術革命が加速しているのであり、今こそ、日本の企業や研究所は追いつくために必死の努力をすべきであろう。

日本の公共財政はどうかというと、これもまた大問題である。思い起こしてほしいが、一九九一年、全体としての公的負債——つまり中央政府および地方自治体の負債——はGNPの五一%であった。ところが二〇〇二年初頭には、この負債はGNPの一五〇%にのぼると見積もられている。この数字には国の簿外負債が含まれていないだけに、なおさら憂慮すべきことである。簿外負債が何をもたらすかは、二〇〇〇年六月、そごうの倒産によって明らかになったところである。そごうの返済不能が明らかになった時、その不良債権を引き受けたのはまさに政府であった。だがこの負債は政府勘定には算入されない。増税や公共支出抑制をとおして、日本に伝統的な財政健全化をしたいという人びとの声を聞いていたら、たしかに経済は即刻、一九九七年に起こったようなタイプの危機に突入したことであろう。日本が強力な中期的成長の基盤を見出しうるためには、まずは長期実質金利がゼロに近づくような貨幣政策を採用しなければならないが、現実にはそれは五—七%であって、先進諸国中では最高の部類に属していた。こうして巨大な流動性の波が起こり、その一部は日本から逃避し、円安の基礎となるだろう。他の大きな一部は株式市場へと流れ、これによって企業は再資本化ができ、また重要な基礎的投資——日本は「ニュー・エコノミー」に加わるためにこれを必要としている——に資金調達するためのファンドをつくることができよう。強力な株式市場があれば、政府が自らの資産の大きな部分を民間に移譲することもできよう。これは財政赤字問題を解決する一つの積極的方法であろうし、同時にまた、増税なき財政再建を可能にもしよう。

こういった問題点があるとはいえ、技術にかんしては事態は絶望的でない。日本における携帯電話部門の成功はよい教訓であり、これは規制緩和の一つのあり方に有利な材料となる。つまりこの規制緩和によって、日本経済にはきわめてポジティブな恩恵がもたらされており、日本経済は国際化のプロセスをいっそう完全に包摂することができるようになる。こうした観点に立つ論者は、日本が危機から脱出し「ニュー・エコノミー」に参加するために必要なものはすべて備わっている、と考える人たちである。さらにかれらは、多くの懐疑論者——この人たちは拙速にも日本経済は典型的に時代遅れだと非難する——がびっくりするような成長率を達成するに必要なものも日本にはある、と考えている。榊原英資（第6章）が守ろうとする立場はこれである。例えば携帯電話によってｉモードが可能となったように、ソフトウェアの支配はロボット工学の中心であり、これらは日本の潜在的可能性を示すものである（第8章）。だが日本は、いま見てきたような経済の次元から発する一連の要因だけでなく、さらに政治の問題によって暗礁に乗り上げている。二〇〇〇年夏の選挙結果では、関東、関西、愛知のすべてで野党が与党を上回った。これは経済・社会の動向と、政界の旧態依然たる姿との乖離が拡大していることの証拠である。長年期待されている改革を企てるに必要な政治的リーダーシップが、日本政府には残酷なまでに欠如しているのである。ＦＲＢ議長アラン・グリーンスパンは、根拠なき熱狂を指摘し、これが一九九〇年代後半にアメリカの経済と社会に悪影響をあたえていると告発したのでなかったか。私としては、日本が世界経済の転換点に応えて、国家が必要とする大改革を首尾よく遂行し、こうして一種の「根拠ある熱狂」を立証していく可能性を強調しておきたい。

ニュー・フロンティア、ニュー・パワー

このように、国際化とテクノロジー的挑戦を前にして、日米欧という先進諸国の三極はあい異なる経済政策と戦略を展開しているのである。一九九〇年代前半、ヨーロッパ諸国は不適切な財政政策を行い、結局は効果のない貨幣政策を追求して、貨幣政策と財政政策の調合を間違えた。しかし、それと同時に冷戦が終結したので、国際機関による介入政策が変更された。つまり冷戦という背景があったなら、おそらく大量の投資による介入がなされたであろうから、タイやマレーシアの危機は別様の対応がなされていたであろう。

だが、世界化《モンディアリザシオン》の過程はもっぱら加速されていくというだけでもないように思われる。それは現代のテクノロジー的変化の性質、経済的金融的な変化、情報によって国境や——国内空間を管理するために国家が手にしていた——伝統的諸手段が乗りこえられていくといった転換のうちに組みこまれている。メキシコの新大統領はアメリカ・メキシコ間の国境をなくして、北米経済市場の効率を高めようとしたのではなかったか。ラテンアメリカのなかには自国通貨としてドルを採用した政府もあったのではなかったか。北京が同じことを提案したら東京はどう反応したか、自問してみるがよい。国際化ゆえの諸問題を管理するために、ある者はG３に思いをいたしているが、ワシントンの別の者はG１すら夢みている。それが国際関係の流れであるが、これを不吉なことと考える者もいる。すでにG

22というのが存在するのであって、そこには今日の動きのなかで重要な国も多数あり、中国がその例である。G7は二五年前フランスが提案したものだったが、こういったよきアイデアがG22とともに新しい形をとるかもしれないと考えてもよかろう。一般には、おそらくG7のサミットにあまり期待すべきでなく、大危機を前にして何がG7の役割なのかを知ることはむずかしい。主要国の財務相・中央銀行総裁が常時会合した方が、こうした危機を解決するのに有効である。最後にアジア危機によって分かったことは、他の途上国の場合と同じように、中国がますます重要な役割を演ずるようになったということである。

政治的リーダーシップの重要性

専門家やアナリストは現在のトレンドを診断した。これによってかれらは、適切な戦略の輪郭を描くことが可能となっている。各国はこうした変化をそれぞれ異なった方法で管理しているが、真の相違は政治的リーダーシップにかかわっている。政治の役割は、現在と未来をつなぐことであり、変化の責任を負うとしたら未来はどうなり、そのリスクは何であるかを全市民に説明することである。また、安心してこのリスクを引き受けうるような政策を実施し、それによって時として起こる大変化ゆえの閉塞状況を取り除くことである。これこそは、現在進行中の変化を加速するためにヨーロッパおよび日本が必要としている政治運営の特性である。一九九〇年代、この種のリーダーシップはアメリカで実行された。その結果、これ以外の構造的欠陥――これについては多分語られすぎるくらいであったし、二〇〇一年末の景気鈍化によってまた顔を出してきた――があるにもかかわらず、この政治的リーダーシップという要因によってアメリカ経済の加速的転換が可能となったのである。この点、ヨーロッパや日本にとって反省の材料となるはずである。

4　フランスと日本――交差する視線

クリスチャン・ソテール

EHESS(社会科学高等研究院)研究部長、元大蔵大臣

一九七〇年代初頭、主要先進国の中で、日本は成長の金メダルに輝いていた。フランスは銀メダル、そしてアメリカ合衆国は、国際収支の激しい困難の中でもがいていた! 九〇年代末、日本は成長を一〇年間失った国となり、アメリカは二〇〇〇年に急激な景気拡大の九年目に突入した。ヨーロッパ諸国、とくにフランスでは九七年以降、かなりの成長が見られた。

ここで一見単純な次の問いが発せられる。なぜ成長率は、空間ごとに――日本、アメリカ、ヨーロッパで――、そして時間ごとに――一九七〇年代、八〇年代、九〇年代で――異なるのか。本稿の中心

にあるのは、この明示的（explicite）な問題である。しかし、この先には、もう一つ別の暗黙的（implicite）な問題が存在する。すなわち、デジタル革命と遺伝子革命というテクノロジーの新しい波によって新たな持続的成長の展望が開かれている今日、生産物市場、労働市場、そして資本市場の絶大な力を基礎とし、表面的には目を見張る拡大局面の様相を呈しているアメリカ・モデルを果たして採用しなくてもよいのであろうか――という問題である。第二次大戦直後、戦争で荒廃した国々に、繁栄のアメリカがその実績や財力を見せつけた時代に風潮となった（アメリカ・モデルへの）「収斂」に関するあの古い論争が復活しているのである。ヨーロッパや日本の古い文明は、メイド・イン・USAのニュー・エコノミーという新たな「新世界（アメリカ大陸）」を前にして消え去るべきなのであろうか。

経済学者としての仕事と大臣の経験を通じて、筆者は、次の二つの強い確信を持っている。経済は社会科学であり、ニュートンの法則やダーウィンの法則のような厳密な科学ではない。フランスと日本に関する研究を通じて、筆者は、経済とは固有の歴史や地理、諸制度を有する社会の中に根づいたものであることを確信した。ミシェル・アグリエッタ、ロベール・ボワイエ、ジャック・ミストラルによって創設された「レギュラシオン学派」の功績は、単に経済における国家の役割を強調しているだけではなく、時に暗黙的ではあるがそれでも堅固な労働者と雇用主とを結ぶルール――例えば、終身雇用、年功賃金、企業別組合という日本の三種の神器――や企業と金融機関とを結ぶルール――例えば、製造企業の面倒をみる日本のメインバンク制――について強調していることである。これらの概念[Boyer, 1986]は日本分析に適用され、ここ二〇年の進化についての興味深い解釈が打ち

出された [Boyer and Yamada, 2000]。この学派は、制度派経済学とつながりを持つ。制度派経済学を代表するのは本書（第11章）で論考を展開している青木昌彦教授である。この卓越した学究も、法則はあらゆる時代のあらゆる場所において適用されてしかるべきであるとする数理経済学に対し、レギュラシオン学派と同様の疑義を表明した。

経済は政治である。当然のことながら、アメリカにおいてさえ国家が重要な役割を演じる。アメリカで、大学間に最初のインターネットの創設を働きかけたのは国防省である。もっとも、ここではもう一つ別の経済の政治的側面、つまり政治的意向に基づく側面について強調する必要がある。その点に関しては、フランスやヨーロッパにおける一九九七年の転換点、成長の再来という転換点が理解の助けとなる。政策がその決定要因であったと言い張るのは、いくぶん無邪気に過ぎるであろう。しかし、欧州単一通貨に向けた共同計画の責務を引き受けること、そして人々が真に望むならば「ヨーロッパ社会民主主義モデル」の特徴である高度な社会保障を維持しつつも完全雇用を回復できるという確信を持つこと、この二つがヨーロッパの体験した心理的・経済的好転に一定の役割を演じたことを証明するのは可能である。

本稿の第一部では、一九九一年から九七年にかけてのフランスの低成長の三つの理由について検討する。第二部では、フランスとヨーロッパにおける新たな成長のための三つの課題について叙述する。完全雇用を回復するために、この一〇年間のうちにそれら三つの課題をクリアしなければならない。そして結論部分では、このフランスの経験に鑑みて、日本に関する手短な分析を提言する。

一九九一―九七年におけるフランスの低成長の三つの理由

これら三つの理由はそれぞれ短期、中期、長期に属する。

第一の理由は、経済政策の過ち、すなわち一九九五年七月の消費税値上げ（付加価値税率が二ポイント引き上げられた）が、明らかであった景気回復を挫折させたことである。この過ちは、ユーロへの参加資格を得るために、国、地方自治体、社会保障組織など公的部門の赤字を減らして、国家財政の赤字をGDP（国内総生産）比三％以下にまで削減する必要があったという状況の中に位置づけられる。この時代の保守党政権による政策的過ちは、二重に存在した。同政権は、フランスの成長が供給サイドの問題で苦労していると信じたが、実際には需要の不足であった。そして、需要サイドへの課税を決定し、フランスのGDPの三分の二を占めるにも関わらず、企業の投資や輸出よりもしばしば軽視されていた消費に打撃を与えたのである。フランスのこの過ちは九七年四月に日本でも繰り返され、回復しかけていた景気に対し、まさに同じような有害な結果を招いた。

第二の理由は、心理的なものである。一般家庭も企業も、一九九七年まではユーロペシミズムに覆われていた。憂鬱の理由はたくさんあった。自由主義的預言者たちは、成長を再び取り戻すためには、まず成長を阻んでいるさまざまな構造的障壁を取り除くのに大きな犠牲を払わなければならない、と説明した。逆説的ではあるが、戦後のベビーブーマーの子供たちが労働市場に大量に登場した同じ時期に、人口の高齢化がハンディキャップとして言及されていた。退職年金の支払いが保証されるためには、若年層の雇用が不可欠な条件であったにも関わらず、若者の雇用よりも高齢者の退職に関心が向けられていたのである。社会的エスカレーター〔社会的上昇〕は塞がれていた。不確実な雇用や低く不安定な収入のせいで、子供たちは親の世代よりも悪い生活条件になるのだと、皆が納得させられていた。家族は「士気《モラル》を失い」、国内市場に軸足を置く中小企業も将来を信じていなかった。巨大企業と世界規模で活動を展開する地方企業のみが、外国で、かれらの活動の支えを見いだしていた。

第三の理由は、一九七四年以来続いていた成長体制の「疲労」であった。フランス経済の「調子が悪かった」ことは、二つの兆候によって示されていた。

まず、活発な成長が見られた短い期間(一九七五―七九年、八七―九〇年)を除くと、失業率が上昇し続けていた。このことだけでも、家計の士気低下を説明するのに十分であった。しかも、給与所得者は一九八二年以降、給与の減額と国際競争にさらされている部門での生産性の急速な向上との両方を受け入れざるを得なかった。生産性の向上は多くの場合、人員削減という形を取り、国民所得の分配は給与から企業利潤へとシフトしていた。そのために消費は低迷していたが、豊富な自己資本にも拘わらず、設備投資が低迷した消費の後を引き継ぐこともなかった。というのも、企業は利潤も顧客も必要としていたが、その顧客はといえばフランスの国内市場では懐具合が思わしくなく、外国市場では数が不十分であったからである。これは、国内需要の不足から企業が低い成長率を予測し、その暗い展望の下に生産能力を調整するという、よく知られた悪循環であった。このような投資の停滞は、国内需要の不振をさらに強める結果を招き、かんばしくない成長予測を事後的に正当化した。

もう一つの兆候は、表面には現れにくいが、憂慮すべきものである。それは、GDPに占める租税および社会保障義務負担が上昇し続けていることである。その主要な理由としては、次の二つの説明がなされていた。第一に、健康保険の払戻支出が、危機以前の勢いを保ち続け、緩慢となったGDPの伸びをはるかに凌駕するようになったため。第二に、次第に数を増していた失業者や社会的に排除された人々を、国家が面倒を見なければならなかったため。国家はかれらに収入を保証した。国家は、かれらが厳しい労働市場の下で雇用を見出し、苛立った社会の中で居場所を見出せるよう支援に努めたのである。

(事後的には、) 失業率の継続的な上昇や、租税および社会保障義務負担の上昇が長くは続きえないこと、それらは大部分、成長の不十分さによって説明されることは明白である。それでは、どのようにして持続的な高成長を回復することができるか。それは、議会解散を受けた一九九七年六月の総選挙での勝利から出発したジョスパン政権に、有権者が信頼度の試金石として投げかけた問題であった。

新たな成長のための三つの課題

信頼を取り戻すこと、成長を再び軌道に乗せること、公的支出を抑制すること、これらが同時に取りかかるべき三つの課題であった。

宿命から意志へ

フランスでは、心理的な転換が二つの戦線《フロント》で実現された。まず、ユーロへの参加である。ジョスパン政権は、ヨーロッパ建設のためのこの新たなステップが、一九五八年に実施された欧州共同市場〔ヨーロッパ経済共同体・EEC〕の創設のように、繁栄や安全をもたらすであろうという確信を述べた。そしてまた、フランスはこの目標に見合った対応をし、必要な努力を払わなければならないとも述べた。同じ頃、スペインとイタリアもこの歴史的挑戦に打ち勝つために、フランスとは比べ物にならない規模の改革を実施していた。

しかし、GDP比三％以下にまで財政赤字を削減するためには、復活の途上にある成長の妨げとならないような追加的な租税収入を見つけることが必要であった。そこで、売上高五千万フラン（約七百万ユーロ）以上の中・大企業に対し、法人利得税に関して一五％の特別加算税を三年間にわたって賦課し、犠牲を集中させることが決定された。対象となる企業に対しては、この犠牲は一時的なものであり、二億人の消費者が存在する市場、ひとたび為替のリスクとコストがなくなれば、企業がより容易に入り込むことができる市場に単一通貨を導入するための、一種の投資であるとの説明がなされた。

大企業はそれを受け入れた。そして、世論はユーロへの参加資格を勝ち取ることの中に集団的満足感、すなわち歴史的任務を遂行し、フランスとドイツが導くヨーロッパの冒険の最前列に参加するという満足感を見出したように思われる。ユーロの計画は、失業と懐疑に足を絡め取られていたヨーロッパの野望に新たなフロンティアを切り拓くため、ジャック・ドロール、ヘルムート・コール、そしてフランソワ・ミッテランによって投げかけられたものである。もしユーロがフランス抜きの一〇ヵ国で実施されていたとしたら、フランス人の狼狽ぶりを想像できるであろうか。

過剰な補助金を受けているアメリカの農業圧力団体が言うようなヨーロッパの要塞ではなく、榊原英資なら「開かれた地域主義」と呼ぶであろうダイナミックなヨーロッパという一大構想は、必要条件であって十分条件ではない。フランス人の士気を再び向上させるためには、失業という国内戦線に対して第二の攻撃をしかけることが前提となっていた。それは失業に対する、あらゆる手段を用いての攻撃であった。もちろん、成長の回復に伴って、失業も引き潮のごとく後退する。しかし、それは十分ではないであろう。一定の成長率に対し、それ以上の雇用の純増が不可欠であった。これは四つの方向で追求された。

まず、「若年雇用」である。フランスは、戦後のベビーブーマーの子供である若年層の波が社会に出る年齢に到達したという点で、特別な人口構成の状況下にあった。そして、フランスの企業は景気低迷の中で、「オムレツを両端から切る」、すなわち高齢の労働者を――国家の費用負担で！――早期に退職させる一方、若年労働者の採用を抑制していた。加えて、多くの若者が卒業資格を取得することなしに学校制度から離れていた。それゆえ、若年層の失業は、とくにフランスに広まっていた厄介な問題であったのである。以上のことから、商業ベースにのっとらないアイデア――地方公共団体や各種団体、さらには教育や警察の分野では国家も雇用を創出し、国家が五年間、最低賃金の八〇％を補助するというアイデア――が生まれた。この方法による雇用は、三年後に二〇万人の大台、つまり総就労人口の一%を突破した。

次に、交渉に基づく労働時間の短縮である。論議を呼ぶこの問題について、ここで議論しようとしているわけではない。専門家の間では、労働時間の短縮が、企業の費用負担を過重にすることなく雇用創出に貢献したとして意見が一致している。そして、それは、ドイツや北欧諸国では伝統的に存在していたものの、フランス・モデルでは活発ではなかった企業内交渉を刷新することにもなった。

第三には、資格をほとんど必要としない雇用における企業負担分の軽減を強化し、経験や技能を持たない労働者の採用を促進することである。

そして最後に、とはいえ決して重要度が低いわけではないが、新しい情報技術〔IT〕への賭けである。象徴的なのは、一九九七年八月における首相の次のような発言である。「ミニテル(Minitel)――七〇年代に開発された、電話回線を通じた双方向情報システム――の時代はもう終わった。将来はインターネットの時代である」。フランスの栄光よりもアメリカのテクノロジーを選好するのは、愛国主義の国ではいささか勇気のいることであった。

この心理的作用の帰結は明白である。二〇〇〇年夏、一般家庭から企業のトップまで、フランス人の士気は高く、将来に対する信頼は記録的レベルにあった。しかし、心理というのは不安定なものである。まだ成長は続けられなければならないし、同じスピードで失業率も低下し続けなければならない。以上のことから、成長への意志が重要であると言える。その発現形態は、経済の進化とともに変化する。

まず需要サイドからの、次に供給サイドからの成長の下支え

一九九七年夏、新政権は、公的部門の赤字を削減しつつ、どのように需要拡大をはかるかという難問に直面した。この難問の解決策は、貯蓄主体から消費主体に所得を移転することであった。そうすれば、国民所得が同じであっても、消費性向は増大する。

財政上の犠牲を要求されたのは、大企業や裕福な家庭、そして金利生活者であった。それぞれ、利得税に的を絞った一時的な引き上げ、高所得層の家庭の子供に対する援助の削減、そして資本所得に対する社会負担分の引き上げを通じてである。

追加的な購買力を与えられたのは、一九九七年九月の新学期からの低所得層の家庭であり、若年雇用を最初に享受した若者たち、そして社会保障負担の低減をみたサラリーマン層であった。この購買力は、大部分、直ちに支出され、消費の刺激に一役買った。この消費の復活の一年後にあたる九九年初頭から、九一年以来停滞していた設備投資が再開した。ついでながら、アルフレッド・ソヴィに敬意を表する形で言及したい。彼は、何にでも手を出した、一九三〇年代から六〇年代にかけての有名な人口学者兼経済学者であるが、ダイナミックな人口の増加が経済成長の要因であると、正当にも信じていた。それは生産面で豊富な労働力を供給するだけではなく、需要のダイナミズムにも貢献するからである。若者が豊富に存在するということは、かれらが賃金を得ているという条件の下では、住

宅や最初の家財道具、自家用車、様々なサービスの需要を意味する。九〇年代に関して、快適な状態にいる者たちの一部が高所から偽善的に述べるように、「ある世代を見捨てる」ということ――これは、社会的な過誤であっただけなく、経済的にも間違いであった。

しかし、結局のところ、成長しなければならない。二〇〇一年には、フランスにおける需要不足は、かなり埋められた。別の言い方をすれば、経済はほとんどフル稼働に転じ、いくつかの職種の労働力や設備が不足し始めている。経済は、一九七四年から九一年の長期トレンドに復帰した。それゆえ、需要を下支えする政策から、三段階の「人的投資」に焦点をあてた新しい供給政策に、完全に転換する必要がある。

まずは、新しい企業家の支援。われわれは、新しい技術革命の時代を生きている。それは、音声や画像、データのデジタル化という革命である。インターネットはその象徴であるが、独占権を持っているわけではない。情報が光と同じ速度で流れるため、家庭の居間や企業など至る所で、生活は変化するであろう。このニュー・エコノミーは、新たな企業を必要とする。それは、伝統的な大グループが新設する子会社だけではない。こうした新しい企業は、大企業になるために長期に亘って存続し、繁栄しなければならない。青年期まで育った企業を、待ち伏せしている大企業に安値で売却しようとする誘惑に、負けてはならない。フランスでは、一九九七年以降、「ベンチャー企業」に対する多くの支援がはかられた。たとえば資金面――ベンチャー・キャピタル――、税制面――一五年未満の企業のためのフランス版ストック・オプションである成長手形――の領域、産学の望ましい連携、官庁の煩雑な手続きの廃止などである。しかし、アメリカ、そしておそらくイギリスからの遅れに追いつくためには、なすべきことがまだたくさんある。

次に、生涯学習。ITによる「ニュー・エコノミー」は、たしかに熟練した技師や技術者たちのまったく新たな雇用を生み出すであろう。しかし、それはまた、一般社員や管理職など、事務系の雇用の削減をもたらす。二〇世紀には生産性の巨大な波が製造業に駆けめぐったように、二一世紀の第三次産業にもその巨大な波が押し寄せるであろう。トータルに見れば、一九七四年までの産業がそうであったように、そしてデジタル革命で先行するアメリカにおいて今日認められるように、失われた雇用よりも創出される雇用の方が大きいであろう。とはいっても、伝統的な第三次産業で雇用を失った者が、新しい第三次産業に転職できるようにしなければならない。

ニュー・エコノミーにおける企業は、大量にかつ急速に、雇用する必要があろう。もしそれらの企業が、フランスあるいはヨーロッパにおいて、その候補者を見いださないのであれば、アメリカのように、専門技術を持つ移民に頼ることになる。ヨーロッパで失業が猛威をふるい続けるならば、こうした展望は不快なものとなろう。

それゆえ、生涯学習は、ヨーロッパにおける完全雇用の回復および成長と雇用の持続的増大にとっての至上命令である。一九九〇年代の若者に対する見捨てられた世代という概念を非難した後に、二〇〇〇年代のホワイトカラーに対する見捨てられた世代という概念の展開を許すのは、奇異であろう。

最後に、長期に渡って失業している者に対し、再び仕事を与えること。人的かつ経済的な理由は、ニュー・エコノミーの熟練労働者に関するものと同様であるが、ここでは、建設業のように伝統的な活動や、たとえば助けが必要な高齢者の世話など、住居の近くでのサービスのような新しい活動の中に多く存在する非熟練の雇用が問題である。往々にして孤立無援の苦しみの中にいる、こうした人々への個別的支援、身丈にあった教育、計画実現のための助成、社会保障の受給から労働に転じた者に給付されるアメリカの負の所得税のような財政的支援などの施策は、かれらが新しい市民権を見出すようにするための手段なのである。

新しい企業家、ホワイトカラーのシニア層、長期失業者というこの三つのテーマに関しては、意識が浸透しつつあり、第一段階の措置は講じられた。成長が復活した後、そして人的投資が増大した後には、にわか景気の陶酔《ユーフォリー》がまだ行うべき努力を隠蔽する傾向にあるとしても、一〇年後には完全雇用を回復できるという展望は信頼できるものとなっている。ただし、もう一つ別の手ごわい問題が残っている。第一部では、失業の増大や租税および社会保障義務負担の上昇が特徴的な、一九七四年以降続いていた成長体制の疲弊について言及した。失業の側面について言えば、そのカーブは反転した。租税および社会保障義務負担の面について言えば、なすべきことはまだたくさんある。これが第三の課題、国家改革である。

避けられない国家改革

財政赤字の削減をはかりつつ需要を喚起するという、骨の折れる仕事があった。そして、より少ない租税負担や社会保障負担でより多くの公的サービスを欲する市民の要求を満足させるという難題が残されている。計算式が一定ならば、経済が成長すれば、租税や社会分担金も当然増大する。確かに、一九七四年以来の成長不足は、税率の上昇を大部分説明するが、それが全てではない。すなわち、公的支出は、構造改革がなされぬまま、急速過ぎるくらい上昇していたのである。

何をなすべきか。単純な諸原理を提起し、それに固執することである。フランスは、ユーロ一一ヵ国のパートナーの前で約束した数ヵ年計画の一環として、次の三つを取り上げた。

（1）国家支出を実質値で安定させること。国家は、「より多額の支出を目指す」伝統に従う代わりに、より賢明に支出することが求められる。

（2）社会保障費の増加率をＧＤＰの増加率以下に抑制すること。これは、介護消費が大幅な自然増を示し、ベビーブーマーの大量退職が控えていることを考えると単純ではない。

（3）収入よりも速くはないスピードで支出が行われたことから生じた財政上のボーナスを利用すること。まずは財政赤字の削減のために、次に成長に重くのしかかる税金を軽減するために。

行政費用のトータルな赤字は、一九九七年から九九年の間に半分に（三・五％から一・八％に）削減された。そして、この動きはまだ続いている。課税も減少し始めている。

総体的かつ抽象的なこれらの数字の背後には、非常に具体的な、しばしば苦痛を伴う諸改革が隠されている。すなわち、最も優先度の高い予算項目に支出を軌道修正すること、新しいＩＴをフルに活用して、社会保障のように国家が市民に還元するサービスの効率性を高めること、そして、毎年慣習的に繰り返している支出を見直し、達成すべき成果を重視する文化に変えて、これらの効率性についてオープンで透明性の高い評価を行うことである。納税者に質の高いサービスを提供し、最先端の技術を動員するための税務の簡素化は、不可欠ではあるものの実施が困難であるということを、筆者は経験上知っている。しかし、国家は、加速度的なスピードで動いている世界の中で、じっと動かずにいることはできないのである。

フランスの鏡に映し出された日本の再生

本稿は、表面的には日本のことをほとんど語ってはいないが、それはあくまでも表面的なことに過ぎない。成長を回復したフランスの事例に関するこの記述は、日本でもフランスのように、強く持続的な成長に戻ることが可能であることを示している。また、著しい財政赤字に陥ることが求められているわけでも、メイド・イン・ハーバードのアメリカ・モデルを適用することが求められているわけでもないことを示している。日本のペシミズムは、ほどなくして、日本のダイナミズムに変わりうるであろう。

日本の危機に心理的な側面があることは明白であり、過去の検証を困難にし、未来の展望を描くことを不可能にしている。まず、過去についてであるが、手遅れになる寸前に日本の深刻な金融制度の危機を乗り越えるべく奮闘した小渕政権の努力にもかかわらず、本質的には何も変化させないバブルの連鎖によって実現されていたかつての成長を継続させようとする誘惑は強く残っている。一九八〇年代後半の貨幣バブルは、息の切れた成長に、しばらくの間、興奮剤を投与したような不自然な購買力を配分した。それ以前にフランスでなされたように、回復期のただ中にあった九七年に実施された消費税引き上げという大きな過ちの後、政府は、まったくばかげたバブル予算を展開した。こうして積み上げられた継続的な財政赤字は、成長がはっきりとした回復のはずみをつけることさえできないまま（第5章参照）、国債を長期に渡って持続可能とすることが困難なレベルにまで導いた。

不適切な運営と不適切な負債という過去から、一時的な失業率上昇という代価を払ってでも、テーブルを何もない状態にしなければならない。一九八五年以降の日本のこの不適切な運営の責任者は「鉄のトライアングル」、すなわち官僚、経営者団体、保守政党の派閥である。かれらは結託より競争を、術策より透明性を、年功より能力を重んずる新しい世代に権力を委譲しなければならない。

過去を検証するだけでは十分ではないであろう。日本列島に眠っている若い力を動員するためには、将来計画が必要である。フランスの経験が、この計画に関して三つの側面で参考になる。

第一の課題は、地方分権化である。すなわち、国家行政の官僚的な監督を県レベルに関して廃止することである。これにより県は、現在、国民の大多数となっている都市の有権者の監視の下に、固有の財政資金と支出の自由を持たなければならない。

第二の課題は、ニュー・エコノミーである。それが日本から始まったにも関わらず、現在日本で足踏み状態にあるのは逆説的である。実際、**トヨティズム**は、伝統的な産業における情報技術の大量投入と新しい社会的生産様式の最初の成果である。今日、日本ではピラミッド型の大きな構造の重圧があり、若いクリエーターがあまり信用されていないため、技術革命は締めつけられている。しかしながら、ドコモの「iモード」の成功は、日本の若者が新しいサービスを消費する才能に恵まれていること、そしてそのような新しいサービスが伝統的な企業グループ（NTT）の子会社やベンチャー企業などのダイナミックな企業によって供給されうることを示している（第8章参照）。

第三の課題は、地域経済統合、すなわち、数十年後に通貨共同体に到達しうるようなアジア共通市場に関する大きな計画である（第6章参照）。その第一の条件は、日本が、海外に進出した日本企業の製品に対してだけではなく、隣国の製品に対しても門戸を開放することである。そのための第一のステップは、ダイナミズムを回復した韓国に接近することであろう。第二のステップは、東南アジア（ASEAN）とのバランスのとれた関係である。中国の力の急上昇も、日本にとっては無視できないものとなろう。

将来に関するこれらの道はいずれも進むのは容易ではない。しかし、いかなる道も、今日まで日本文明が達成してきたことを消滅させるようなアメリカ・モデルへの単純な画一化に通ずるものではない。

5　日本にとっての三つのシナリオ

モレノ・ベルトルディ

駐日欧州委員会代表部（執筆当時）

現代日本はアナリストに次のような核心的問題を投げかけている。「日本は、かつてのパフォーマンスを再現するとまでいかなくても、せめて他のＯＥＣＤ諸国なみの成長テンポを維持しうるような、安定して生命力ある成長経路を首尾よく再発見するだろうか。」『フォーリン・アフェアーズ』誌の二〇〇〇年七・八月号では、一項目を割いて「日本はまた昇るか」(Will Japan Rise Again?) が問題とされた。外交問題評議会のダイアナ・ヘルウェッグは、日本の再浮上はあると主張する。それは新世代の企業家によって導かれるような日本であり、たしかに政治家、官僚、そしていまだ系列のトップにいる古参企業家たちが消極的で抵抗勢力となっているが、それにもかかわらずそうした新世代が登場するという [Helweg, 2000]。反対に、オーストラリア・ニューサウスウェールズ大学のオーレリア・マルガンは、日本経済はゆっくりとした衰退基調にあるという。というのも一方では、政治的リーダーシップが欠如し、意思決定過程において組織利害が強力であり、他方では、構造問題（例えば公債の激増）が――人口の急速な高齢化といったような――長期的なマイナス傾向と重なっているからである[Mulgan, 2000]。

だが興味深いことに、この二人の論者が日本復活の現実的可能性についてどんなに意見を異にしていても、危機からの脱出路にかんする意見としては二人は同じ方向に向かっているのである。つまり、たとえ社会的にまったく受入れられないとしても市場モデル――早い話「アメリカ」モデル――を採用せよ、というわけである。人口が急速に高齢化しているので、日本がいかにして外部的流動性の高い労働市場――そこでは退職者が「ベンチャー・キャピタリスト」にでもなるというのか！――をもった国に転換しうるか、見通しは暗い。ヘルウェッグとマルガンの論争は、一九九〇年代を通じて展開されてきたところの、日本の改革プロセスをめぐる分裂状態の基礎にある議論を一部反映しており、またそれを白日のもとに曝け出したまでである。日本の改革プロセスをめぐっては、日本例外論と、日本モデルを支配的パラダイムの一つとして認知せよという主張との間でたえず綱引きがなされてきたのであった [Morishima, 1999；Dore, 2000；Gibney ed., 1998中の諸論考；Masuzoe, 2000]。おそらくこういった分裂状態のゆえに、市場のロジックを強化する戦略について根底的考察があまりなされずに終わり、一貫した形の改革がなされぬまま、日本経済の制度や運営方式が不安定化しているのである。しかしながら実際のところ、アングロサクソン・モデルへの収斂と日本モデルの存続といった二分法的対立の構図について、経済学者たちは全員が同意しているわけでない。例えばポーター／竹内／榊原 [Porter, Takeuchi and Sakakibara, 2000] は、日本経済が機能するための様式や日本企業の管理方式における「市場」的側面の必要性を理解しつつも、日本が戦後の例外的成長の基礎にあったいくつかの特徴――多能的労働、協調性、企業活動への労働者のコミットメント、企業の投資決定における「長期的視野」――を保持することの重要性を強調する。かれらは言う。「包括的な解決を得るために、日本は従来にもまして、欧米的アプローチのいくつかの要素を取りこむことが必要であろう。だが、その結果もたらされるものは、アメリカ資本主義のクローンではなく、競争にかんする新たな、そして他とは異なる日本的な概念であろう。」[p. 188]

本章もまた少々ちがったアプローチをとり、さきに見た収斂論‐対‐例外論といった伝統的な「あれかこれか式の解決法」はとらない。そのために本章は、レギュラシオン理論の概念やカテゴリーを援用した読み方を採用する。

日本経済の将来にかんする現在の論議におけるレギュラシオン理論の貢献は、それがスタンダードな経済学――そこではある一つの組織モデルが他を支配するとされる――のような経済決定論に陥るのを回避させてくれることであり、危機からのありうる脱出路はさまざまに開かれているということを考慮しうるような分析枠組みを提供していることである [Boyer et Saillard éds., 1995]。加えて、ある経済の動態を分析するにあたってレギュラシオン理論は、**調整**様式（mode de régulation）の首尾一貫性や蓄積体制（régime d'accumulation）の生命力を考察するので、[1] 政府や経済的社会的諸アクターによる改革の企てが成功する――あるいは失敗する――理由をうまく照射することができるのである。

日本の場合、最近一五年間に起こったことを理解するためには、どうしても制度諸形態（formes institutionnelles）の階層性の変化、経済政策決定の特殊なメカニズム、企業改革に賛成したり反対したりする政治的・経済的・社会的諸勢力を分析することが必要である。こうした決定要因を無視するのは、つまり、一五年間におよぶ日本経済の歴史過程を経済政策の多かれ少なかれ重大な失敗の連続といったことに還元するのは、危険なことである。例えば、「一九九〇年代、貨幣政策さえもっと拡張的であったならば……」とか、「もっと早く規制緩和を始めていたら……」といった議論がそれである。こうした議論にあっては、現在進行中の根本的な転換――そのいくつかは右にみた「誤謬」そのものによって規定されている――の意味が理解されていないし、各時期において可能な改革戦略についての選択の幅を明確化するに際してこうした転換がもつ影響力が理解されていない。例えば一九九〇年代はじめには、戦後の成長体制（régime de croissance）を根本的に変更することなく調整《レギュラシオン》様式のいくつかの構成要素を変化させようとする改革は、なお一考の余地があったのだが、九〇年代末には、もはやそれはまったく実現可能性がない。

一九八〇年代半ばから九〇年代末にかけて日本の政権は次々と交替したが、それら諸政権にとっての核心的問題は、八〇年代の金融バブルは別として、疲弊の兆しを見せはじめた成長体制に活力を取りもどさせるため、経済の調整様式を転換させることであった。しかし改革の努力は期待された結果を生みださなかった。それがあまり野心的でなく途中で挫折したからであれ、あるいは、変化をさらに推し進めよう努力した場合には、内的一貫性が欠けていて、構造的な側面とそのマクロ経済的な含意との間に重大な矛盾が露呈したからであれ、期待された成果が生み出されなかった。

おまけに、いかなる改革努力の場合にあっても、少数派とはいえ強力な政治力をもついくつかの圧力団体が、経済が活力を取り戻すために必要としている重要な構造変化を回避したり、遅らせたりするのに成功してきた。思い起こしてもみよ。国家予算の一〇%は農業用インフラ工事のために使われるのであり、建設部門は労働力人口の一〇%以上を吸収しているのである。一九九六年に農協や住専はその財務的困難の解決において優遇された。その結果のちに、日本の銀行部門全体の救済を遅らせるという大変高価なリスクを背負うことになったのである。さらにまた、ほとんどの人びとは経済諸制度の変更に好意的ではあっても、政治的指導者たちが導こうとしている方向について一度たりとも理解しえたことはない。

最後に、だが重要な点だが、官僚制は明治維新以来、さらに第二次世界大戦後において、近代的国家や近代的経済の諸制度を構築していく点で前衛的役割を果たしてきたが、金融バブルの崩壊後、官僚制は深刻なアイデンティティの危機に陥った。突然、このいちばん優秀で聡明な者たち（the best and the brightest）は、日本の金融的失敗の責任者だと見なされた。とりわけ官僚たちは、もはや安定的な成長経路にはない経済を再び軌道に乗せるような方法について、独自な考えを持っていなかった。その結果、日本の政治家たちが官僚を頼りにして、明治期や戦後の奇跡をもう一度実現してほしいと要請した時、官僚がなしえたのはせいぜい、アメリカやEUで企てられた多数の改革を改作することであった。この戦略は結局失敗に終わり、二〇〇〇年代最初の一〇年間が始まった今日、日本はいまだなお、その成長体制と整合的な経済的調整様式を探し求めているのである。

ボワイエ／山田［Boyer and Yamada, 2000］が強調するように、日本は現在、「新しい外的圧力と国内の制度的慣性《イナーシャ》との矛盾した作用」のなかにある。結果的に最もありそうな展開は、経済的金融的諸制度の**ハイブリッド化**という展開であり、そこからいくつかのシナリオが開示される。もっとも、つぎの極端きわまる二つのシナリオはありえないだろう。一つは、中短期的にアメリカ・モデルを採用するというシナリオである。というのもこれは、社会的に受け入れられず、日本の経済と社会のいくつかの底流と矛盾するからである。もう一つは、一九八六年以前の日本モデルへの復帰である。これがありえない理由は、このモデルの諸制度は消滅したか、あるいは根本的に転換されたからである。例えば、銀行システムの再編成や銀行統合とともに、系列内にメインバンクはもはや必ずしも存在しない。とはいってもこのことは、メインバンクや系列が消滅したということではないが。

本章は三つのシナリオを提起する。それらは、日本の諸制度が外国からの影響を受けてハイブリッド化していくことを通じて、危機から脱出する――ないしは危機のなかにとどまりつづける――ことにかんするいくつかの理念型に立脚したものである。

「平成維新」(2)

この第一のシナリオによれば、都市有権者層を基盤とする改革派諸勢力の同盟によって、一連のマクロ経済改革および構造改革が形作られ実施されるという。

日本問題への対応

マクロ経済のレベルでは、この同盟は明確に財政再建戦略に焦点を当てることになろう。とはいっても硬直的なものでなく、その点、一九九七年、橋本内閣が制定した法律中にあるもの――景気対策目的の財政政策発動の禁止――とは異なる。次いで、この財政再建プロセスといっしょになって、支出の再編――建設・農業部門への公共投資削減、公的消費の拡大、社会的インフラやセーフティネットの創設――や、広く薄く負担させようという抜本的税制改革――これにかんする詳細かつ合理的な方法がＯＥＣＤ [1999a] に示されている――がなされよう。この新しい同盟は中央銀行の独立性を十分に認識し、その信頼性を高めるような政策を採用することだろう。こうしたアプローチは、政府と中央銀行の軋轢をなくし、財政政策と金融政策のよりよきコーディネーションを確立する助けとなろう。

構造のレベルでは、この同盟は新しい成長体制の出現を促進することに専念するであろう。それが意味するのは、系列‐メインバンク集団や、銀行システム強化後に残る諸問題を終焉させるとまでいかなくても、少なくとも強力に合理化することである。活力ある伝統的大企業は、ヒエラルキーにかんする垂直的インセンティブ——グループへの忠誠心、規定にかなった昇進、内部的可動性——を保持しつつも、特定の諸部門や下請・外国部門では、水平的インセンティブの方がよいパフォーマンスを生むような仕事——例えば製品イノベーション、金融資産ポートフォリオの管理、高度に専門的なサービスの購入——については、これを分権化していくことになろう。

さらにまた、旧来の成長体制から救済されうるようなものも、他面では、日本経済の最も革新的な部門で生まれつつある新しい産業・金融グループとの競争にさらされるであろう。インターネットによる銀行仲介の分野で、ソニーとソフトバンクが提携したケースなどはこれに当たる。こうしたグループは、バーチャルにであれ現実的にであれ、銀行を支配しているのが主要《メイン》企業の側であるので、系列やメインバンク制とは異なるシステムを有している。日本の企業は全体として、日本に進出する外国企業との競争にさらされることになろう。外国企業がハイブリッド化のプロセスを促進するに必要な臨界質量に到達するため、政府は思い切って規制緩和や競争政策の強化を遂行していく。

雇用関係にかんしていえば、日本の労働市場は、工業の**トヨティズム** [Boyer and Juillard, 2000] とサービス業の**ダイエーイズム** [Ribault, 2000] の組合せからなる二重システムから、少なくとも三極化したシステムへと進化するだろう。

(1) 年功賃金と終身雇用の制度は、大企業および中企業の中核的従業員には残される。というのも危機の間においてさえ、日本の賃労働関係は十分なフレキシビリティを発揮し、ひとたび最悪の景気後退が終われば、企業は満足すべき利潤水準を回復したからである。

(2) 流通部門や多くの非金融サービス部門にあっては、パートタイム雇用の市場は転職率が高く女性労働力に偏重しているが、この市場もまた維持され、さらには拡大しさえするだろう[Ribault, 2000]。

(3) 大企業内部では、終身雇用を守るよりも水平的インセンティブをあたえた方が有利なところでは、専門家たちの特殊な労働市場が急速に発展するだろう。

しかしながら、日本の労働市場や賃労働関係における最大のイノベーションは、熟練労働力にかんする一大市場を創設することであろう。この熟練労働力には女性が多く、こうした人たちは、とりわけ「ニュー・エコノミー」企業や外資系企業で、必ずしも年功や企業忠誠心にもとづくのでなく、能力《メリット》にもとづく賃金システムのもとで働こうとしている(第8章)。そういった市場があれば、人口が急速に高齢化している国のマクロ構造的問題は解決されるだろう。だが、こうした労働市場が生み出されるためには、女性の職業生活と家庭生活が両立するように、政府は女性に的をしぼった大きな社会的サービス網を発展させていかねばならないだろう。しかし、これはあまりにも現実からかけ離れている。というのも、真の職業的キャリアを発展させていく可能性をもった従業員のなかで、女性はわずか三・五%しかいないからである『読売新聞』二〇〇〇年六月九日〕。予算が縮小したので、ゲームはもはやプラスサムないしゼロサムでなく、マイナスサムである。したがって、熟練労働力に対する労働市場の創出によって敗者となるのは、非熟練——ないし低熟練——の男性労働者であろう。農業、建設、製造業部門中小企業、斜陽大企業の労働者、そして最後に過剰気味の弱小諸銀行の従業員であろう。こうした人びとに対しては、真のセーフティネットや再教育プログラムの創出が検討されねばならない。というのは、こうした人口の部分《セグメント》における失業の増大は避けられないと思われるし、現在の無用なインフラ計画よりは安くつくだろうからである。

最後に地域《リージョナル》レベルでは、右に定義した方向での日本産業のリストラは、日本経済の東アジアへの統合の強化となって表されよう。それが意味するのは、規格化した製品の生産は海外移転されるだけでなく、アジア諸国による対日投資の動きが始まるということでもある。こうして経済的通商的諸関係は強化され、リージョナルな経済協力が発展しはじめるだろう（第6章参照）。

リスクの多い戦略

なるほど「平成維新」によって、「新しい成長体制の実現可能性を保証する規則性の総体」[Boyer, 1986] の登場がアプリオリに約束されるわけではない。反対に、もし指導者が自らの政策の構造面とマクロ経済面の強力な首尾一貫性を明確にできないならば、橋本内閣の時に失敗した改革を繰り返す恐れがある。実際、失業増大の可能性、以前は保護されていた多くの部門における競争の激化、根気のいる財政再建のプロセスによって、消費者の信頼が再び崩れ、経済は有効需要不足による景気後退に突入するかもしれない。それゆえ重要なのは、マクロ経済政策が思いきって柔軟に運営され、公共支出の再編によって敗者のためのセーフティネットが早急に保障されることである。変化の結果、勝者の方が敗者よりも数が多いとか、敗者はそれでも損失の一部を補償してもらえるとかを政府が示すことによって、信頼すべき楽観的メッセージを発することも必要である。こうしたことによって、現在進行しつつある変化についてのネガティブな心理的効果を抑制することができるかもしれない。

たしかにリスクの多い戦略だ。だが、日本的諸制度と欧米起源のイノベーションとを真に**ハイブリッド化**することをとおして成長体制に新しい躍動をあたえ、独自な調整様式を出現させるためには、もしかするとこれは最も有効であるかもしれない。経済全体における競争の増大のおかげで、特に日本における企業管理方式や賃労働関係の編成方式にかんする競争の増大のおかげで、経済の潜在成長率が上昇するかもしれない。これに加えて、以前はその専門的能力が死蔵されていた熟練労働力は、生産的部門——とりわけニュー・エコノミー部門——へと組み入れられねばならない。というのは日本のシステムにあっては、女性労働力は事実上、結婚を機に労働市場から退出するよう圧力を受けていたからである。中央大学の研究によれば、大学卒の女性が五年働いて労働市場から引退する時、彼女は一億円相当のものを失うという［Tachibanaki, Fujiki and Nakada, 2000］。アラン・グリーンスパン〔米連邦準備制度理事会議長〕は言う。「新しいテクノロジーによってもたらされる高い収益率は、大部分、労働コストの置換えの結果である。日本やヨーロッパでは労働者を解雇するためのコストがより高いために、同一の設備から得られる収益率は、アメリカのそれより低い」［Greenspan, 2000］、と。こう主張するグリーンスパンが少なくとも一部正しいとすれば、熟練はあるが不完全雇用の女性労働力からなる雇用の鉱脈を開発することは、ニュー・エコノミーの要請に対して労働市場や賃労働関係を適応させていく過程において、日本にとって何よりのチャンスを示しているといえよう。佐々木かをりの分析は、この過程がすでに始まったことを示唆している（第8章）。

たしかに、外国資本の急速なる日本進出が望ましいかどうか、自問してもよい。というのもこの時、系列構造の内部ではあれほど効率的であったコーディネーション能力が掘り崩されかねないからである［Boyer and Yamada, 2000］。けれども、対峙し競争すべき外国資本が日本に存在しなければ、ハイブリッド化のプロセスは不十分になる恐れがある。日本の多国籍企業は、その欧米の同類たちとの関係においてすでに極端に孤立している。そうした道にとどまりつづけるならば、日本の多国籍企業は、国際金融市場で日本の銀行がかかえたのと同様の難問にぶつかる恐れがある。グローバル市場で日本以外の多国籍企業と競争できる戦略もなければ管理システムもないので、日本の多国籍企業は次第にのけ者にされていく可能性が高い。遅れは相当に積み重なっており、日本の多国籍企業は――投資リスクを評価する専門家がいないので――例えば外国企業の買収合併戦略を決定するうえで多大な困難をかかえている［Nakamoto, 2000］。それゆえ、対外開放にはコストがかかるとはいえ、日本経済において制度諸形態が迅速にハイブリッド化していくためには、外国資本が日本で大きな役割を演ずることが必要なのである［Porter, Takeuchi and Sakakibara, 2000］。

「平成維新」に対して差し向けられるもう一つの反論は、それが日本経済のアメリカ化のためのトロイの木馬になりはしないかということである。移行過程にあるシステムの経済は、いくつかの経営方式や相異なる構図の制度諸形態が共存し競合するという特徴をもつというのは事実であり、また、結局は市場システムが顕現してくるというのは、ありうることの一つである。しかし、もしそうなるのなら、それが示しているのは、日本の意思決定当局者は、政府も民間もヴィジョンおよび／ないし政治的手腕が欠如しているので、独自な調整様式を明示し促進することはできないだろうという事実である。当局者が調整様式を明示しえないからであって、改革プロセスというものが必然的に市場メカニズム支配の資本主義に至るからではないのである。実際、市場資本主義はありうる結果の一つでしかない。ハイブリッド化という考え方は、相異なる制度諸形態や組織諸形態の間の競合のなかから、独自な諸特徴をもつある成長体制が――それを経済的社会的に生命力あるものにしうる調整様式に支えられて――発展するかもしれないということである。

漸進的なハイブリッド化

このシナリオはボワイエ／山田 [Boyer and Yamada, 2000] によって展開された。マクロ経済レベルでは、このシナリオは「平成維新」のそれとおそらく似ている。もっとも財政再建の点では、改革の社会的コストにかかわる理由のため、もっと時間がかかると見る。ちがいがはっきりするのは構造面である。

ゆるやかな改革

諸企業間の――また各種の制度諸形態間や経営諸方式間の――競争を急いで強化するのでなく、この漸進的ハイブリッド化のシナリオは、「とりわけ急速な合理化が低生産性のサービス部門に導入された場合、大量失業が出現し持続するのを防ぐために」、あるゆっくりとしたプロセスを予想する。こういった条件のもとでは、金融革新や外資流入への開放は注意深く管理される必要があり、そういった転換によって生産システムの現存のコーディネーション・メカニズムが弱体化しないようにせねばならないし、短期主義——これは金融主導型成長体制への道を開くだろう——に向かっていかないようにしなければならない［Boyer, 1999］。

ＩＴがますます生産システムに編入され、また金融革新が企業内に導入されているが、これは戦後、トヨティズムの出現へと至ったのとよく似た適応過程の結果にちがいない。メインバンクや系列のシステムはそのソフト化されたヴァージョンが生き残るが、かといって新しい革新的企業が発展するのが妨げられるわけでない。

労働市場についていえば、「平成維新」として描かれたものとよく似たシステムが発展し、もっと多数の女性労働力が生産活動に参加することになろう。しかしながら、トヨティズムは存続し労働集約部門の合理化は緩慢なので、プロやスペシャリストの市場という第三の市場が発展するとしても、それは第一のシナリオの場合よりもゆっくりとしたものとなろう。

官僚層は再度重要な役割を演じなければならない。ただしそれは、経済の「第三の開国」——明治の開国と戦後の開国に次ぐもの——に向けての規制改革プロセスとか経済運営の監視とかでなく、外来のイノベーション、テクノロジー、組織方式への開放を注意深く管理することによって、対外開放プロセスや国民的イノベーション・システムの再定義においてよき連鎖過程を明示するという役割である。

伝統の保持

漸進的ハイブリッド化のシナリオの利点は、仮に真の政治的リーダーシップが要請されるとしても、急進的な政治的経済的選択を必要とせず、いまの与党連合によっても野党によっても、あるいはまた政界再編による連合政権——これは日本経済へのこれ以上の市場導入に疑問や反論をもつ人びとを突きはなせとは言わないだろう——によっても、実施されうるということにある。社会的コストは時間軸上に割りふられ、またハイブリッド化による競争激化の影響は、自らのアイデンティティや機能を再確認した官僚層によって管理されるがゆえに、それほど大きな不安定化効果をもたらさないだろう。この点で漸進的ハイブリッド化のシナリオは、仮に市場メカニズムの役割が大きくなるとしても、経済の行政的管理という日本的伝統のうちにある。

「平成維新」シナリオとくらべた時、漸進的ハイブリッド化のシナリオがもつもう一つの利点は、それが改革プロセスのマクロ経済的反動の影響をあまり受けないということである。その漸進主義のおかげで、消費者側でパニック現象が起こるという恐れはあまりない。

最後に、もしこのシナリオが輝かしい成功をおさめるならば、それは他のアジア諸国に対して、経済の調整様式を再定義するプロセスは必ずしも西洋型モデル——もっと特殊にはアングロサクソン・モデル——に着想を得るべきでないということを示している [Sakakibara, 1998]。またこのモデルは、独自の地域《リージョナル》統合プロセスにおいて新しい展望を開くことになろう [Lechevalier, 1998]。

だがしかし、このシナリオには欠点もある。第一に、これが実現可能となるためには、「ニュー・エコノミー」の有益な効果が早急に看取され、経済の潜在成長率を押し上げることが必要である。そうでないと、日本経済の潜在成長率は二%以下——ＯＥＣＤ諸国平均 [IMF, 2000] よりかなり低い——なので、マクロ経済的不均衡が深刻化し、成長体制が弱体化しかねない。というのもハイブリッド化は漸進的なので、その有益な効果が現れるまでには時間がかかるからである。第二にこのシナリオは、調整様式の再定義に際してたどるべきよき連鎖過程について、他の経済諸主体よりも「精通している」官僚層を必要とする。すでに見たとおり問題は、その同じ官僚層が縦割りにされていて、一貫した改革プロジェクトを提示できそうにないということだ。

漸進的ハイブリッド化のその他の欠点は、国際レベルで起こる変化に対する反応がきわめて遅くなりかねないということである。それゆえ、一九八〇年代に金融部門の部分的自由化が行われたが、その際おかした過ちが繰りかえされる恐れがある。つまりこの時、日本の銀行や金融業を国際市場で競争力あるものとするための改革は、不徹底に終わってしまった。むしろそれは、銀行システムの制度的ヒエラルキーや経営方式を、さらには企業の投資選択に対する銀行の監督権限を多分に不安定化させるようなものであった。必要な変更を加えていえば、ハイブリッド化のプロセスがごくゆるやかな場合、日本の多国籍企業もまた同じような経過をたどるかもしれない。この第二のシナリオには、短期では一貫性のあるように見えても、中長期では生命力ある成長体制の出現を保証しそうにない調整様式を生みだしてしまうといったリスクが付きまとう。こうしたリスクが現実のものとなったら、日本は果てしない過渡期のなかにはまり込み、成長体制が活力を取り戻すどころか停滞が長期化することになろう。

「ヴェネチア的」衰退

チャルマーズ・ジョンソンはあるエッセイ [Johnson, 1995] のなかで、日本を「東洋のヴェネチア共和国」(Serenissima of the East) として描いた。もし日本が、新しい調整様式の出現を阻害する政治的妥協の慣性を打破することに失敗し、その成長体制に首尾一貫性を付与しえないとするならば、すなわち、もし「平成維新」や漸進的ハイブリッド化が結局は失敗するならば、一八世紀のヴェネチアのように、日本はゆっくりとした没落の坂道を下っていくかもしれないという意味で、ヴェネチアとよく似たことがさらに推し進められていくだろう。社会は裕福で安寧を保ち、国は長期間にわたってアジアで最もゆたかでありつづけるだろうが、しかし経済のダイナミズムはなくなる。もちろん、きわめて高い競争力を保持する部門もあって、日本をゆっくりとした成長軌道に十分に乗せうるかもしれない。しかし保護された非効率部門、巨額な公的債務の累積、人口の高齢化といった重しを背負ってのことである。

構造改革を導入しようという努力は、一方では真の改革プロジェクトや強力な政治的リーダーシップがないがゆえに、他方では圧力団体や組織利害によって力づくで阻止されるがゆえに、裏切られるであろう。長期的には状況は当然もちこたえられない。しかし中短期的にも、日本はおよそ緊迫感を失った陰鬱な状態にとどまることになろう。最先進諸国や急成長のアジア諸国とくらべて、この国が陣地を失いつつあることは誰もが分かっているが、しかし、日本がはまり込んだ袋小路からどうやって――またどんな勢力の連合によって――脱出するか、誰にも分からない。

この一五年間、日本は成長体制の中核部分を無傷のまま残すため、経済の諸制度や組織諸形態を改革しようと試みてきたが、うまく行かなかった。この歳月を特徴づけるのは、巨大な投機的金融的バブルの膨張と崩壊であり、ついで景気後退《リセッション》であって、この景気後退は大規模なデフレ・スパイラルへと姿を変えていった。財政赤字と公債のほとんど制御不能な膨張――この脅威は二〇〇一年春にまた新たなものとなった――に直面して、現行の調整様式だけでなく、政治指導者たちが維持しようとしてきた成長体制もすでに生命力を失っているということは、可能性があるだけでなく蓋然性が高くさえある。新しい成長体制を定義し構築すべく日本が取るべき道を定義するためには、来るべき数年が決定的に重要である。

以上に見てきた各種シナリオは、全面的にであれ部分的にであれ具体化されよう。特に「平成維新」と漸進的ハイブリッド化という、予想されるシナリオは、二つとも成功の可能性があるが、失敗を引き起こしかねない大きなリスクもかかえている。これらのシナリオの関心は、おそらく、シナリオに描かれた推移だけでなく、危機からの脱出や日本の成長体制の再定義について、そのオープンで非決定論的な性格が明らかになるという事実にもある。というのは、ボワイエ／山田［Boyer and Yamada, 2000］が強調するように、「一〇年、二〇年後、完全に新しい調整様式が生まれるとすれば……それは大部分、無数の試行錯誤の意図されざる結果であろう」からである。

（1）これらの用語の定義については、Boyer［1986, p. 46］を見よ。

（2）一九八九年、今上天皇は父・昭和天皇の死去とともに皇位に就いたが、平成の語はそれとともに始まった時代を指す。「平成維新」なるものは堺屋太一や大前研一といった論者によっても援用されているが、本稿で示した命題とは意味を異にしている（Sakakibara［1998］をも見よ）。

6 デジタル時代におけるアジアの地域協力

榊原英資
慶応義塾大学教授、元大蔵省財務官

二〇〇〇年七月初頭、アメリカ商務省はＩＴ革命とそれがアメリカ経済に与えたインパクトについて記した第三次年次報告を発表した。この報告の中で、経済問題担当の商務省次官ロバート・シャピロは次のような指摘をしていた。「第一次・第二次年次報告では、The Emerging Digital Economy〔出現しつつあるデジタル・エコノミー。ただし第一次〜第三次までの邦訳書のタイトルは、それぞれ『ディジタル・エコノミー』『同Ⅱ』『同2000』（米国商務省著、東洋経済新報社）〕という同一のタイトルがつけられているが、第三次年次報告は新しいタイトルである。というのも、デジタル経済・デジタル社会はもはや出現しつつあるだけではないからである。それは、ここに確かに存在しているのである。アメリカ人は、明らかに新たな経済・社会の時代の中に入った。デジタルの出現と結びついたテクノロジーの変化は、新しい仕事のやり方、新しいコミュニケーションの手段・方法、新しい財やサービス、そしてコミュニティの新しい形態をもたらす」。ここでロバート・シャピロは、アメリカ合衆国のみならず世界中で急速に普及している見解——すなわち、IT革命によって世界の経済・社会構造は長期的に特徴づけられていくであろうという見解——について極めて明示的に説明している。

日本もこの変化から除外されてはいない。ソニー会長兼CEOの出井伸之氏は、この現象をユカタン半島に降った隕石にたとえている。この隕石は、地球の気候や環境を激変させ、当時繁殖していた恐竜を絶滅させた。恐竜というのは恐らく、生き残りのための変革を余儀なくされている伝統的な大企業を指すメタファーである。日本では経済構造改革の必要性について、少なくとも認識はされている。いま、これら大企業が変革を実現することができるのかどうかを知ることが重要である。

情報革命で絶好の位置を占めるアジア

現在の技術革新によって経済・社会構造が確実に根本的な変化を迫られるであろうという見解には、筆者も全く同感である。マイクロプロセッサー、コンピュータ、人工衛星の出現は、レーザー、光ファイバー、その他のテクノロジー製品とあいまって、大量の情報を地球全体にリアルタイムで伝達することを可能にした。これは、組織間、消費者・生産者間、さらには個人間の諸関係を根本的に揺るがす。リアルタイムでの通信や情報処理の方式は、不確実性を減少させ、在庫を節約する。リアルタイムでの情報フローにより、個人や企業、あらゆるタイプの組織などほとんど全ての経済活動における改良が可能となる。この点から言えば、ＩＴにおけるイノベーションは、内燃機関の発明のような他の領域におけるイノベーションとは別物であることに注意すべきである。ＩＴのイノベーションは、そのインパクトがアメリカ合衆国だけでなく世界全体において感じ取られるような性格を持つ。実際、アジアとヨーロッパは、アメリカというフロント・ランナーに追いつき始めたように思われる。

　評論家やジャーナリストの中には、アングロアメリカンの資本主義がドイツ型ないしはアジア型資本主義に勝利したと言う者もいる。それが全く間違っているというわけではないが、アジア・モデルとヨーロッパ・モデルがアメリカ・モデルとは別の道をたどって、ＩＴのテクノロジー革命に適応しつつあると考えるのがより適切であろう。アメリカの経済や文化は変化に対して極めて開放的《オープン》であると思われるため、この適応プロセスにおいてアメリカが有利な立場にあったというのは、恐らく事実である。しかしまた、ここ一〇年のうちに起こった出来事は、アメリカの伝統を劇的に変化させたという意味で、まさに革命であったことも認めなければならない。アジアやヨーロッパはこれらの大変動の後を追いかけているだけであり、かれらの伝統的な経済・社会構造をもとにした類似の変革を追求している。それは、旧型のアングロアメリカン・モデルがアジア・モデルないしはドイツ・モデルに対抗しているということではない。産業・金融資本主義と、情報資本主義あるいはサイバー資本主義との対抗なのである。

このキャッチアップ過程において、先発者が標準《スタンダード》を決定し、市場を独占する潜在的な優位性を持つとはいっても、テクノロジーの進歩が非常に急速であるため、後発者が先発者を追い越す可能性のあることをよく理解する必要がある。日本人は携帯電話、テレビゲーム、デジタルテレビの分野において、アメリカと比べて重要な技術的優位性を持っている。そして、多くのアジア人ないしは日本人のインターネットユーザーが、パソコンと接続して携帯電話やデジタルテレビを使うようになることも考えられる。

アジアはＩＴ革命の果実を収穫する上で絶好の位置にあり、恐らく然るべき時にアメリカに追いつくことができるであろう、と強調することもむだではないと思われる。『東アジアの奇跡』（一九九三年）と題された世界銀行の研究は、アジアの主要な力が次の三つのファクター――すなわち、高投資率と結びついた高貯蓄率、高いレベルの初等・中等教育、技術革新を吸収する高い能力――を基盤としていることを示した。この研究は、アジアの人々に陶酔感《ユーフォリア》を与えたが、一九九七年から九九年に東アジアで危機が発生したことにより、信用を落とすことになった。

しかしながら、ＩＴ革命への適応努力をしつつ二一世紀を迎えた今、右の研究が前面に押し出した特質によって、アジアは非常に有利な位置にある。貯蓄の大きさは、情報通信分野への急速な自己資源による投資を可能とする。韓国、シンガポール、マレーシアの政府は、すでにＩＴ部門が経済の基本的な原動力であることを理解し、必要なインフラの整備を進めている。もしこれらのアジア諸国が地域レベルでのコーディネーションを強化してこの方面での努力を続け、アジア独特の諸資源を利用するならば、これらの国々はグローバルで地域的《リージョナル》なデジタル・ネットワークに必要なインフラを用意し、アジア経済を高みに引き上げる道も半ば達成すると言えるであろう。

さらに、初等・中等教育のレベルが高いということは、潜在的なインターネット利用者人口が多く存在することを意味する。韓国と日本でのインターネット利用者は約一億人と見込まれ、そこに中国、香港、東南アジア、インドのユーザー約六億人が加わることになる。このように、アジアは然るべき時に最大のインターネット地域市場になると考えられる。また、高度の資格を有する非常に多くのエンジニアや専門家《エキスパート》がこの地域で働いている。中国人やインド人ないしは他のアジア人が、ＩＴ分野でのアメリカの企業活動に舞台裏で貢献していることも知られている。アジア人、もっと特定すればインド人・中国人とのこうしたシナジーなしには、アメリカのＩＴ産業はこの一〇年間のような進歩を遂げることができなかったであろう。そして、この地域における高い教育を特徴づける熾烈な競争によって、アジア人の優位は今後も堅持され、強化されるであろう。最後に、この地域のＩＴの発展において真の原動力となるのは、ハイテクへの関心とそれへの適応能力――それは高いレベルの教育と関係している――であることも強調しておこう。

最後の貸し手か、あるいはまた資本フローに対する防衛的な国家戦略か

このITによる革命的変化は、産業・金融資本主義に弔鐘を鳴らし、われわれをサイバー資本主義の時代へと突入させた。この大変動にはネガティブな効果が伴わないわけではない。それゆえ、いつでも襲いかかる可能性のある次の危機を見越し、これに敢然と挑むために、防衛機構を早急に創出する必要がある。いわゆる「新興」諸国における銀行・金融システムや大企業経営の強化は、このための最初のステップとなろう。先進工業諸国について言えば、貸付機関に対する適切な規制措置を考案し、貸付機関の経営の透明性を確保すべきであろう。IMFのような国際的な諸制度は、監視をさらに厳重にすべきであろう。こうした努力や改善をしても、グローバルで、その性質上バーチャル化する国際金融市場の奥行きのある性質がなくなるということは決してありえない。金融市場は、群衆行動、パニック、伝染病に影響される傾向をさらに強め、したがって株の高騰《ブーム》と暴落が交互に現れる傾向を強める。

論理的に「純粋主義的」な二つの解決方法が、イングランド銀行総裁マーヴィン・キング [King, 1999] によって明示された。すなわち、資本移動が自由であり続けるならば国際的レベルで最後の貸し手を創設するか、あるいは恒久的な資本統制を再び導入するかである。もっともそこで導かれている結論は、現在の国際関係を規定している政治体制を考慮に入れるならば、これらの解決方法のいずれも実

現可能ではなく、また望ましくもないというものである。それゆえ彼は、実態に即したアプローチ、中道 (middle way) を推奨している。彼は、最後の貸し手となる国際機関を創設するという構想をにべもなく退けているのである。「その深遠な理由は次のことわざの中にある。すなわち、『それが政治だ、ばかもの！』」。残念なことに、彼は正しい。しかし、いわゆる「新興」諸国が国際政治の性質それ自体を分析するのは恐らく有益である。

一国規模では、最後の救済者となる貸出の制度は中央銀行にあたる。国際的なレベルでは、今日、ＩＭＦないしはＩＭＦ・世銀の連携もこの役割を果たしていない。しかし、もしＧ７メンバー国すべてが「金融パニックを予防し、あるいは終息させるために、充分な資金の貸付けを行うことで意見が一致している」[Meltzer, 1999a, b] のであれば、それらの国々が最後の貸し手としての国際機関の役割を果たすことができるであろう。それゆえ、ここで提起される問題は次のようになる。すなわち、なぜ東アジア経済危機の時に、この国際的な規模での最後の貸し手のメカニズムが機能しなかったのかということである。

その答えは、表面的には非常に明白である。一国ないしは一地域内で起こった金融パニックは必ずしも他の国々に危機をもたらすわけではない。確かに、伝染する可能性はある。例えば一九九七—九九年の危機の時には、アメリカ合衆国に伝染するという恐れは、一九九八年八月のロシアの危機を受けて初めてしっかりとした根拠を持つようになった。しかし、ロシア経済危機の時点までは、その危機は万人の目には「アジア」の危機にとどまり、世界資本主義の中心部にまでは影響を与えないと考えられた。危機が一国ないしは一地域に限定されたものである限り、その危機と無縁な国々にとっては、最後の貸し手として国際信用機構の役割を果たしたり、そのためのコストを支払ったりすることに緊急の政治的必要性はない。ここで意図しているのは、アメリカ合衆国ないしは他の先進工業国を批判することではない。G7や他の国々の決断を規定するのは現実主義であって、利他主義ではない。アメリカ合衆国は日本と同様に、自国の国益に基づいて行動するのであり、決定権限が国民国家に属している限り、誰にもそれを批判する権利はない。

ジョージ・ソロス [Soros, 1998] は、現況を次のように記述している。「グローバル資本主義のシステムは、その本質から純粋に機能的なものである。その機能とは——おわかりの通り——経済的なものである。すなわち生産、消費、財やサービスの交換等々に関わるものである。その本質から地理的な領域は持たないとしても、このシステムに中心と周辺はある。中心にいるのは資本の出資者であり、周辺とは中心に好都合なゲームのルールのユーザーである。」

周辺に位置する国にとっての真の問題は、中心に有利なこの不均衡であり、このバイアスである。それらの国々は周辺にいるため、集団的に行動したとしても、中心国に対して圧力をかける手段を持たない。周辺国にできることは、中心国を襲うかもしれない次の危機を待つこと、自分たちに対するかれらの「見直し」を期待することである。あるいは、グローバルでバーチャルとなったこの世界市場における循環的危機に対して、防衛機構を採用することもできる。実際、二つのタイプの防衛がある。一つは、緊急ないしは常時の対応として、資本統制を行うことである。もう一つは、マーヴィン・

キングがその場その場の最後の貸し手（"do it yourself" lender of last resort）と呼んだものの創設である。この二つのケースの防衛手段では、自由な資本市場で得られたであろう利益の損失が発生し、効率性を損なう結果となる。しかしながら、グローバル化された市場は完全な状態からはほど遠く、次なる危機の時に経済的・社会的ダメージが巨大となりうることを考慮に入れるならば、こうした防衛手段は、政治的観点から見て適切な選択であるように思われる。もし、中心国の政治によってグローバルな最後の貸し手の創設が妨げられるならば、周辺国は、経済的には次善策であるが政治的には最も賢明な解決方法に頼らなければならない。

一九九八年九月二日、マレーシアは資本統制を実施した。これは周辺国により採用された防衛手段であり、しかもそれが成功裡に終わったというよい一例である。新古典派的文脈《コンテキスト》で訓練された経済学者たちは、資本統制に対してアプリオリに否定的であることを強みとしているが、IMFのエコノミストでさえ以下のことを正しいと認めざるを得なかった。すなわち、「統制を行うことによって、マレーシア政府当局は一息ついてからマクロ経済不均衡に対処し、銀行システムの改革を実施することが可能となった」[IMF, 2000a]。マレーシアが一九九八年八月初め——つまり九月二日に実施した資本と為替の統制に先立つ一ヵ月前——に、国民経済行動評議会によってうち立てられた国民経済再生計画に沿って進んだことは事実である。この計画は、主としてリンギ〔マレーシアの貨幣単位〕の安定、市場の信頼性の回復、ローカルな金融市場の安定化の追求、経済インフラストラクチャーの改良を狙いとしていた。優先された目的は、社会保障政策および経済の各部門の正常化にあった。この計画は、社会保障のセーフティネットを確立し、縁故主義の批判を払いのけて国民経済の透明性を増大させることを目的としていた。経済効率や金融システムの建て直しを促進することが重要であったのである。

この計画は、二つの点でIMFの典型的な処方箋とは異なっていた。まず、IMF方式のショック療法は適用されていなかった。しかしその代わり、縁故主義や透明性に関する国際的な批判が真剣に受け止められた。そして、財政金融政策もIMF勧告とは対立しており、マネタリスト的というよりケインジアン的であることが明らかとなった。東アジア発のデフレ圧力に直面してケインズ政策を採用したことは、全く適切であった。現実主義的ではあるが、アグレッシブなやり方での金融システムの構造改革もまた、ある程度の助け船となった。さらに、IMFレポートが正当にも強調していたように、この政策の成功は統制の効率性にかなり依存していた。バンク・ネガラ〔マレーシアの中央銀行〕の能力《コンピタンス》や監視機構の存在は、統制の効率性を確保する上での必要条件であった。

全ての周辺国が、腐敗をはびこらせることなしに、資本や為替の効率的な統制を実施するために必要なインフラを有しているわけではない。マレーシアはそのインフラを持っていた。しかし、グローバルな金融危機が一九九九年に終息し、経済情勢が好転したことによって、この計画も成功したという側面はある。もっとも、〔危機の最中であっても〕資本と為替に関する防衛的統制がうまく機能していたのは疑う余地のない事実である。マレーシアの事例に加えて、シンガポールの事例も付け加えることができる。シンガポールは、何年間も自国通貨を世界の他地域の通貨から切り離す政策をとっていた。この二つの事例から、次のように言える。すなわち、統制を実施する国が世界の他地域に対して完全に門戸を閉ざすことを強いられているわけではない。これらの国で、貿易、直接投資および間接投資が消滅したわけではない。それゆえ、マレーシアとシンガポールを閉鎖経済のカテゴリーに分類することは正確ではない。

もちろん、マレーシアの対応は、「開放」体系にある小国が適用し得る多くの防衛政策のうちの一つに過ぎない。しかし、この事例から次のことも明らかになる。すなわち、国際的なレベルでの真の最後の貸し手を欠く状況の下で、周辺国は、いくつかの限定された領域において自国経済を孤立させる選択肢を持ちうる。そして、それにも拘わらず、財やサービスの自由なフローの恩恵を得ることができるのである。市場原理主義を信奉するウルトラ自由主義者は、しばしばオール・オア・ナッシングの観点から説く。それは明らかに事実とは異なる。国は、その規模や発展段階、社会的・政治的環境に応じて、部分的な自由化を選択することができる――ないしは選択すべき――なのである。

為替安定化のためのアジア基金の意義

他の防衛機構は、一九九七年八―九月に日本政府が提唱したアジア通貨基金（ＡＭＦ）に類似した、地域的《リージョナル》な最後の貸し手を創設することである。ＡＭＦの基本的な考えは、アジア地域諸国における外貨準備の一部を共有することであった。例えば、日・中・韓および他の東南アジア諸国が、この基金のために自国の準備金の半分を出資する。そうするとこの基金は、将来、流動性危機が起きた場合に、有効な最後の貸し手として役立ちうる。アメリカ合衆国やヨーロッパ諸国は、AMF創設に関することの提案に強く反対している。その理由は、AMFがIMFの課す規律《ディシプリン》を問題視することになり、モラルハザードという重大な問題を生じさせる可能性があるというものである。つまり、最後の貸し手による救済的介入がどのような場合でも保証されることになるので、不用意な融資が増える結果となるというのである。しかしAMFの役割が、例えば韓国のやり方のように、私的セクターの参加など特定の手法を用いて、危機の際に必要とされる流動性の供給といったことに狭く範囲を限定されるならば、それはIMFの現時点での機能をむしろ補完するものとなろう。

モラルハザードに関する議論をすることによって、重要な点から注意をそらすべきではない。重要なのは、資本が自由に動く世界においては、国際的ないしは地域的《リージョナル》な最後の貸し手が必要であるということである。モラルハザードは深刻な問題であるが、この問題は適切なコンディショナリティを設定すること、そして債務者・債権者双方の私的セクターへの参加をはかることを含めて考慮されるべきである。中央銀行の存在それ自体がモラルハザード問題を生じさせるわけではない。議論されるべきは、銀行が危機の際に流動性を供給する場合の諸条件なのである。

経済学者たちの中には、市場原理主義を防衛するための議論としてモラルハザード問題を利用する者もいた。もし市場が完全であるならば、つまり需要と供給がたえず均衡するのであれば、中央銀行は不要となる。しかし、国内レベルで中央銀行の存在を認めるのであれば、自由な資本移動を前提とする国際的なレベルにおいて、最後の貸し手の必要性が却下されることはあり得ない。それゆえ問題は、この最後の貸し手に相当する機関によって課される諸条件がどのようなものであるかを知ることであり、公的資金の注入を排除ないしは減少させようとすることではもはやない。流動性危機の際には、たとえコンディショナリティが適切で私的セクターの参加が得られるとしても、注入される公的資金の量は膨大なものとなろう。危機から免れた国が、あらゆる責任を回避するために、公的な場でモラルハザード論を言い立てるべきではないであろう。もし危機から免れた国が資金援助を行う政治的な動機を持たないのであれば、それらの国は、モラルハザード論の陰に身を隠さず、それを認める方がよい。

地域基金の設立は、マーヴィン・キングがその場その場の最後の貸し手と呼んだものを創設することを目指しているが、他の地域協力とも結びつけられる。為替レートに関する地域的《リージョナル》な合意などがイメージできよう。例えば為替レートの防衛メカニズムを有するアジア通貨単位〔ＡＣＵ〕のような地域的通貨の創設を、この基金に関係づけることもできる。もちろん、この基金を、平価切上げにせよ切下げにせよ、非現実的な為替レートの防衛のために用いようというわけではない。アジア地域の各国が大きな相互依存関係を持っていることから、為替レートに関する共通の政策形成が有益であることが判明するであろう。

二〇〇〇年五月にチェンマイで調印された協定〔通貨スワップ協定〕は、ＡＳＥＡＮ諸国、中国、韓国、そして日本の間でのスワップ取引の可能性を想定したものである。それは、地域的《リージョナル》な最後の貸し手を設置する方向に向かう重要な最初のステップとなった。この協定の細部はその時点ではまだ決定されなかったものの、このネットワークの中に中国を含めたことは重要である。世界第二位の外貨準備高を持つ中国の参加なしには、地域基金は調和的に機能し得ない。具体的な点に関する議論は、迅速にかつ平穏なムードで行われることが望まれる。

アジアのダイナミズムはよみがえったか

アジア経済が危機から急速に回復したことは、IT革命との関連抜きでは考えられない。多くの国で最も強い需要の牽引役となったのは輸出、とくに半導体やコンピュータの輸出である。アジア（シンガポールや日本を含む）は産業資本主義から情報資本主義、サイバー資本主義への移行を加速させているため、IT関係の域内貿易と投資は著しく増大するであろう。各国の製造業の相互作用は、一九八〇年代、すなわち日本がアジアの「雁行的発展」と言い習わされているものの先頭に立っていた時代とは、非常に異なったタイプになっている。いわゆる「雁行的発展」とは、日本からアジア諸国の中で最も進んだ国へ生産拠点が移転することに始まり、それぞれ国の発展段階に応じて、他の低賃金国へと生産拠点がさらに移転する一連の動きを指す。ASEAN諸国や北アジア諸国の域内貿易では、すでにコンピュータや家電製品の製造については著しく発展しており、新たな国際的分業の形態となっている。公的機関は、可能な地域についてはどこでも、自由貿易協定を承認することなどによって、こうした域内貿易を促進する義務がある。日本・シンガポール間あるいは日韓の間での自由貿易協定に関する研究は、アジアの他の国々でも考慮され、拡張されるべきであろう。域内貿易の自由化を加速するために、ケネディ・ラウンド方式やウルグアイ・ラウンド方式で、地域貿易サミットを開始することもできよう。

もっとも、アジア諸国が展開した部門は、コンピュータや半導体の生産だけではない。他のＩＴ分野での飛躍も相当なものである。携帯電話の技術は急速に普及した。今日、日本を上回る六〇〇〇万人のユーザーを数える中国。インターネット利用もまた急速に普及している。ブロードバンドの通信インフラはすばやく構築された。アジア・オセアニア間の海底には光ファイバーのネットワークが完成しつつあり、ユーザーは今日アメリカ合衆国を経由しないで相互に直接接続できる。シンガポールでは、あるいは次第にアジア地域全体で、ブロードバンドのネットワークが拡張されている。

このように、アジアは、ますます明瞭にそして遅滞なくニュー・エコノミーに突入しているように思われる。生産性は驚くほど域内で増大し、アジア内分業は大変動を経験している。新たなアジアの奇跡が想起されるが、その成長モデルは一九八〇年代のそれとは大きく異なることが予想される。日本は、必ずしもこのプロセスの先頭に立つわけではないであろう。恐らく、新しいモデルでは複数の中心《センター》を持つと思われる。シンガポールもその一つである。もちろん、日本でのより急速な経済回復と有意義な構造改革は、次なる「奇跡」（第５章の第一のシナリオを参照）の実現にとって、非常に有益であるばかりか不可欠でさえあろう。しかし、中国、インド、日本、およびシンガポールを含むＡＳＥＡＮ諸国の間での相互補完性は、一九八〇年代よりも今回の方がはるかに大きな重要性を持つであろう。

以上に見るように、二一世紀のアジアは将来有望なものとなっている。これを現実化するために、当局は注意深く仕事に従事し、ニュー・エコノミーへの仲間入りに必要な地域インフラを入念に構築するべきであろう。そしてまた、不測の危機を避けるべきであろう。鍵《キー》となる情報通信分野の規制緩和は、早急に実施される必要がある。この点では、市場原理主義は放棄しつつも、市場メカニズムを最大限に活用するのがよいであろう。今起こっているダイナミックなプロセスのボラティリティ〔株式や債券の価格、為替レートなど対象資産の変動性〕や予測不可能性を緩和するために、必要とされるところにはどこでも適切な監督や統制を組織《オーガナイズ》することも有益であろう。したがって、最後の貸し手の創設や域内共通市場の設立、投資の自由化といった強固な地域協力機構について直ちに合意することが必要である。それは、未知の領域に足を踏み入れるようなものであるが、筆者は、アジアがここ数十年来遭遇してきた挑戦に立ち向かってきたのと同じくらい見事に、この新たな挑戦に立ち向かうことができると確信している。

（注）原文は英文（仏訳はエミリ・スイリ）。

観測筋の結論によれば、より優秀な経営モデルというのが存在し、その経済が高い成長をしているだけに、なおさら迷うことなくこれを模倣するのがよいという。例えば一九八〇年代の日本モデルの後継として、アメリカの「ニュー・エコノミー」モデルが登場したという。それゆえ、こういったビジョンを再検討し、その限界を示すことが重要である。日本の全企業がトヨタの効率性を備えているわけでない。反対に、日本はITの才能を持ち合わせていないと結論するのも時期尚早である。アメリカ的生産方式の優秀性なるものはそれほど普遍的でない。というのも、いくつかの部門では、ヨーロッパの諸企業の方がずっと大きな効率性を示しているからである。

III 「ワン・ベスト・ウェイ」の幻想

7 日本的生産モデルなど存在しなかった(1)

ミシェル・フレスネ
CNRS(CSU - IRESCO)研究部長、GERPISA*インターナショナル・ネットワーク代表

一九八〇年代のはじめ、アメリカとヨーロッパは、自国の市場で日本企業が破壊的な競争力をもっていることを、怪訝《けげん》な思いとともに見せつけられた。欧米の企業は、財務的に高くつき社会的に痛みをともなうリストラクチャリングを実施せざるをえなかった。一九五〇年代および六〇年代には粗悪品で有名だった日本が、どのようにしてかくも短期間に、これほどまで効率的なレベルに到達しえた

のだろうか。

つぎつぎと変わる説明

日本の優越性はまず、他よりも早熟的かつ先進的だとみなされたオートメーション化のおかげだと言われた。そこで欧米の企業は、自分たちの遅れと思われたものを取りもどすだけでなく、この機会を利用して、最高度にフレキシブルでもあり同時に最高度に統合された設備——それが実現したためしはないのであるが——を考案することによって、自分たちの技術的優位を継続的に確保しようとした。ところが、これを実施し利用するのは困難なことであり、必然的に業績悪化を招き、こうして企業の財務危機は克服されるどころか、逆に深刻化してしまった。

楽観論と技術決定論から、今度は悲観論と文化主義的相対主義へと反転していった。集団の精神や合意への配慮なるものがどう形成されたかは時間の闇のなかに消えて謎となっているが、とにかくそういったものが日本の文化的特徴だとされ、そのおかげで雇用主や労働者は共同して少しずつ、遭遇した難問に適した独自な解決法を見つけだし、卓越した業績を達成しえたのだというわけである。日本的文化モデルという観念が支配したのである。だがそうだとすると、事態は絶望的となる。というのは、もし品質が日本の「文化」によって成り立っているのなら、日本の競争力の源泉をなす当の品質を欧米人が獲得することは論理的に不可能だからである。こうして思いいたったのが、かつて日本がずけずけと踏みこんできた自国市場に、日本企業を強制的に移植させることであった。それが、日本企業を競争相手と同じ生産諸条件のもとに置き、国民的文化によって付与されたと思われている日本企業の競争優位を失わせる最良の手段となる、というわけである。ところが他国への、とりわけアメリカへの「日本の移植」が成功してしまったことにより、こうした希望も、また右のような説明も失墜してしまった。

明らかに、技術でも「文化」でも説明はつかなかった。そこで自動車のケースを出発点として、新しい生産モデルが出現したのだといった診断がなされ、MIT〔マサチューセッツ工科大学〕の研究者たちは、その精神を特徴づけ他国での採用可能性を強調するために、これを**リーン生産**と呼んだ〔Womack, Jones and Roos, 1990〕。かれらはこの新しい生産モデルを素晴らしい美点で飾りたて、遂には、これを即座に採用することは企業生き残りのための絶対条件だと思いこんだ。というのもこのモデルは、一九七〇年代の二重の危機を解決したものとみなされたからである。二重の危機とは、品質・価格・納期の点で顧客の要求が厳しくなっているにもかかわらず、多様な生産ができないという生産面での危機と、細分化された労働が労働者によって拒否されるという労働面での危機である。小ロット生産、多能工や汎用設備、「川下」〔需要ないし後工程〕からの生産操縦によって、供給の多様性が増大した。「QCサークル」のなかで、あるいはまたリーダーを中心に進められる作業チームのなかで、欠陥やむだの排除とか故障原因の追求に労働者が参加することは、ライン生産労働に意味を付与し、各人に自らの能力を高める可能性を提供し、こうして生産性と製品品質を継続的に改善することになった。労働者が毎日仕事に献身する代わりに、かれらは雇用と昇進の保障を得る。労働者に対する雇用主の関係は、下請に対しても当てはまる。下請が原価低減《コストダウン》や品質向上という目標を受けいれ、同じ方法を適用するならば、かれらはそれなりの受注と十分な利鞘を保証される。したがってまた、企業に関係する他のすべての主役たちがそこから利益を得る。すなわち消費者は当然ながら安価、良質、多種、そして革新的な製品を手にし、株主は定期的に収益を受けとり、国家は世界市場で競争力をもち社会平和のうちにある企業に恵まれる。

それゆえ実業界でも学界でも、原因は理解されたようにみえた。新しい生産モデルが生誕したのであり、それはいわゆる「テーラー・フォード的」な旧モデルに取って代わるべきものだというわけである。たしかにこの旧モデルは、組織的に硬直化し社会的に拒絶の対象となってしまい、市場や労働の新しい要請に応える能力を失っていた。一九九〇年代における貿易自由化の加速と競争のグローバル化によって、誰もが市場に参加するようになったおかげで、企業はきわめて市場感応的で生産手段節約的になる必要性が確認されたようだ。欧米自動車企業が着手した組織再編といっても、それは所詮リーン生産を共通目標とするくらいのことしかできなかった。それはあたかも第二次世界大戦後の諸変化が「テーラー・フォード的」モデルの一般化へと至ったと考えられているのと同じである。MITのこの本のフランス語版サブタイトル〔「世界を変えていくシステム」〕が示しているように、リーン生産は確実に世界を変えていったというわけである。

ところが、日本が長い危機に陥って疑念が生じはじめた。世界を変えるはずだったシステムの調子が狂ってきた。それにしてもこのシステムが生誕したと見られていた国は、長期にわたる経済的不振にあえいでおり、二〇〇一年現在、依然としてそこから抜け出せていない。ところがさらに、新しい生産モデルへの移行というテーゼを納得していたすべての者にとって、奇想天外なことが起こった。自動車部門における日産、マツダ、三菱自動車といった新モデルを象徴するような日本企業が、アジア経済危機の直後、資本提携を追求し、倒産しないように欧米諸企業に吸収してもらおうとまでせざるをえなくなったのである。日産は何年来、負債をかかえ赤字がたまっていたが、その日産資本にルノーが華々しく参入し、これによってこのモデルの魅力は暴力的に断ち切られた。日本の自動車メーカーのあれほど凄まじかった拡張は、あるいは中断され、あるいはトヨタやホンダの場合のように明白に減速し、他方同時に欧米のメーカーは圧倒的な健全性を取りもどし、一九九〇年代を特徴づける合併・吸収・提携のお先棒をかつぎうるまでになった。いったい何が起こったのか。「日本的」と呼ばれる生産モデルは本当のところ何なのか。二一世紀初頭、どの点で企業は対抗しあっているのか。

自動車産業における両立しない二つの生産モデルの根拠なき混同

日本的生産モデルなど存在したためしはない。リーン生産（lean production）というのは、フランス語では **production au plus juste**〔直訳すれば「ぎりぎりの生産」〕と訳される言葉である。それは日本的生産モデルを理論化するための知的構築物ではあるが、事実上、完全に異質で非両立的な二つの生産システム――トヨタ・システムとホンダ・システム――を不当に曖昧にし混同してしまう［Boyer et Freyssenet, 2000a］。おまけにこの二つのモデルは、一九九〇年代はじめ、つまりリーン生産が未来のモデルだと祝福されていたまさにその時でさえ、数々の困難に直面していた。欧米でそれに気づくまでには数年がかかったが。事実、その他多数の日本企業――とりわけ自動車部門の日産・三菱・マツダ――は、首尾一貫した生産システムを構築することにまったく成功しなかった。最後に、日本以外では、最低限もう一つの生産モデルが存在し、これもまた長期にわたって好成績をあげた。それは「スローン」モデル〔二〇世紀初頭GM社のA・P・スローンに由来するマルチブランド政策〕であり、これを具現しているのは一九七四年危機以降のフォルクスワーゲンの成功である。

継続的な原価低減――トヨタ・モデル

トヨタは一九五〇年代、継続的な原価低減《コストダウン》を重視する利潤戦略をとらざるをえなかった。というのも、当時は国内需要が不十分だったので、収益性を上げるために規模の経済に依存するということができなかったためである。同じ時期、プジョーもフランスで同じことをした。だが、プジョーとは異なるトヨタの独自性は、一九六〇年代の日本で国内需要がテイクオフした後も、この道を追求したことにある。まず量産によって可能となる規模の経済、つぎに製品多様化による品揃え効果、最後に品質の高さによる正当なマージン、――これらが次第に原価低減にいわば追加されるようになったが、しかしそうしたことを追求し獲得するやり方が原価低減という命題を危うくしないかぎりにおいてであった。実際、原価低減という命題は、生産の急激な拡張、オプションの多様化、顧客には気づいてもらえない品質、そしてとりわけイノベーション――なかでもコンセプトのイノベーション――と相容れなかった。こうしたことを行うにはリスクがともない、即応性が求められるからである。

「継続的原価低減」戦略を実施するために、トヨタは労働者やサプライヤーにも直接に参加してもらうようにし、そのために紛争や問題点もあったが、この件にかんする明示的な妥協を築きあげた。労働者は自ら、毎月毎月、作業チームのなかで、自分たちが行うべき作業として技術部から指示された時間の短縮を受諾した。こうして、より効果的なやり方で作業を割り当て、時間のロスやその原因となったもの――欠陥、事故、さらには故障――を取り除いていった。それができたのも、機械の自働化、**かんばん**システム、ジャストインタイム、混流生産や生産の平準化、等々、といった独自な方式が少しずつ実施され、一般化したおかげである。加えて労働者は、何が起ころうとも日々の生産計画の達成を受諾し、そのために必要ならば残業という形で労働日を延長した。この解決法は法律によって認められているが、同時にまたトヨタの勤務時間体制によっても認められており、それによれば毎日八時間二交替制で、交替の間には形式上は四時間の休止がある。労働者の月給や昇進は、標準時間の削減にかんして経営陣が決めた目標を達成するかどうかによる。こうした生産システムをとる代わりに、雇用や昇進が保障される。下請企業――そのうちいくつかはトヨタの援助のもと、トヨタの幹部によって設立されたものであるが――もまた、発注量や利益分配の保障と引き換えに、原価目標や品質目標について約束し、トヨタ生産方式――とりわけ「ジャストインタイム」――の採用について約束する[Shimizu, 1999]。

この生産モデルは正当にも「トヨタ・モデル」と呼ぶことができるが、これは三〇年以上つづいた日本独自の**「コーポレート・ガバナンス妥協」**〔企業統治についての妥協〕に立脚している。その内的一貫性のゆえに、また日本の成長様式という枠組み内でのその妥当性のゆえに、この妥協は格別に有効であった。事実、これは輸出の価格競争力に直接貢献したのであり、一九六〇年代以降、日本は輸出価格競争力を成長のエンジンとし、石油ショック後は、これによって世界第二の経済大国になったのである。対外競争力による利益に応じて、国民所得は、国民間で調整され適度に階層化された形で分配された。それによってさらに、大きな問題もなく相対的に予見可能な形で多様化する国内需要の増大が起こり、それゆえ継続的原価低減を優先してもかまわない需要構造が生まれた。

日本のメーカーは、現地企業の眼には市場が「侵略」されたと写った諸国に工場移転することを余儀なくされたが、これはトヨタにとっては相当の挑戦であった。日本の全メーカーのなかでトヨタは、そうすることに最もためらい、最も遅れ、最も慎重であった。その挑戦とは、日本的特殊性なるものを考慮にいれた生産システムの移転でなく、トヨタ自身の特殊性ゆえの生産システムの移転を達成することである。実際、トヨタ自身がその「コーポレート・ガバナンス妥協」を構築し存続させるのに何年もかかったというのに、また日本においてさえ他企業はどこもそれを築こうとはしなかったというのに、同じような妥協を他国でどうやって築くというのか。逆説的なことに、一九九〇年、このシステムが日本自身で危機に陥った時、トヨタが欧米で実施せねばならなかった適応や革新が大いなる助けとなったのである [Boyer, Charron, Jürgens and Tolliday eds., 1998]。

イノベーションとフレキシビリティの組合せ——ホンダ・モデル

ホンダはこれと全くちがう道をとった。自動車生産に遅れて参入したが、ホンダは当時の二大メーカーたるトヨタと日産の間で地位を築いた。それは両社固有の陣地で対抗するのでなく、新しい購買者層の期待に応えるような革新的なコンセプトのクルマを売り出し、その需要が期待どおりだと確認されると即刻かつ大量に需要に対応できるようにすることによってであった。つまりホンダは、トヨタとは全くちがった利潤戦略をとったのであり、イノベーションとフレキシビリティを重視したのであった。この戦略が可能なのは、企業がリスクをとることができるかぎりにおいてであり、それが収益をもたらすのは、イノベーションが商業的に適切で、かつイノベーションによるレントが——競争者がそれを模倣しないうちに——十分長期的に確保できるかぎりにおいてである。

こうしたきわめて特殊な条件をみたすべく、ホンダがまず第一に心がけたのは財務的独立性であり、そのため投資に際しては自分で資金調達し、系列関係には入らなかった。第二にホンダは、革新的な人間たちが内部に出現し、昇進し、表現することを助長しつつ、独自なコンセプトのシステムをつくりあげ、学歴や年齢でなく、顧客の新しい期待を表現するための専門性と想像力を重視した。こうして次第に、成功にも失敗にも即刻対応できるよう、最小のコストで容易に再転換できる生産システムが構築された。ホンダはごく低い統合度を維持したが、だからといって、資本参加によってであれ中期での発注量の約束によってであれ、サプライヤーを何かの団体に組織するわけではない。採用された生産システムは、自動化度も統合度もあまり高くなく、労働者が受容できる労働条件を提供するために組立部門への応援をふやしている。トヨタとは反対に、ホンダは——新製品に即座に自分を振り向けうるような——反応性のよい労働力を入手するため、個人の専門性、自発性、昇進に価値をおくような雇用関係を築きあげ、その対価として、古典的なヒエラルキー的キャリアと類似したキャリアの可能性を提供し、また労働時間は業界でいちばん短い。以上のように、採用されている手段に整合性があるがゆえに、これをまさに「ホンダ・モデル」として語ることができる。さらにまた、ホンダが好成績をあげるためには、そこで実行されている利潤戦略が適切であることが必要であった。

ところで日本の自動車市場は、「イノベーション・フレキシビリティ」戦略の追求にとって最良の条件を提供してはいなかった。事実、日本では国民所得が全国民的に調整されて分配され、階層化の程度が小さかったので、国民のなかに新しい社会階層が定期的に出現しにくく、個人用輸送手段についての実用およびシンボルとしての新しい期待も、定期的に出現しにくかった。だからこそホンダは、最初から国際市場に眼を向け、そこに革新的なコンセプトのクルマを追い求めうるような顧客を見いだそうとした。ホンダは、現地需要の質的な発展にいっそう期待をかけるために、強制される前でもアメリカに工場進出したのである。一九九八—二〇〇〇年の合併・吸収・提携以前の時点では、ホンダは自動車メーカーのなかでいちばん国際化されていた。という次第で、トヨタと同様、だが別々の道を通って、ホンダは輸出競争力に立脚した日本的成長様式に貢献したのであった [Freyssenet, Mair,

Shimizu and Volpato eds., 2000]。

日本という大波の下でのパフォーマンスの大きな相違

その他の日本のメーカーもまた、各国政府から次々と強力に働きかけられて、海外市場——とりわけ北米および欧州の市場——への進出を余儀なくされた。一九五〇年代以来、日産はこれを積極的にすすめた最初の企業であり、品質が悪いせいで直ちに商業的失敗をこうむった最初の企業でさえあった。とりわけアメリカ的な品質管理法を適用してこの問題を解決したので、為替相場が有利なかぎり、日産は輸出を拡大することができた。だが一九八〇年代以降の円高によって、競争力の喪失が次第に明らかになった。もっとも日産の競争力低下は、国内市場ではすでに感知されていたことである。国内市場では、日産のシェアはトヨタにくらべて規則的に低下していた。その理由は、トヨタとちがって日産は、堅固な「コーポレート・ガバナンス妥協」や一貫した生産システムを首尾よく構築できなかったことにある。一九五〇年代はじめの長期にわたる労働争議の後、採用・昇進・工場内労働編成に対して介入する権力が労働組合にあたえられたので、いわゆる「二重」の執行部ができたが、これによって事実上、エンジニアたちが業績改善のための決定的な媒介者となった。何が優先されたかというと、第一に「統合的」製品であり、この点にかんしては機械の優秀さで有名になったが、共通の部品があまりなく、したがって規模の経済が十分に作用しなかった。第二に、最新鋭のオートメーション化やきわめて包括的な情報化が優先されたが、その代わりに、トヨタのように労働者の継続的な献身にもとづいて、資本節約的な実践的《プラグマティック》解決をしていくことがなおざりにされた。一九八〇年代半ば、企業の執行部から労働組合が排除されたが、これと並行してエンジニアたちの位置づけを見直すことをしなかったので、競争力の喪失の原因はなくならないままであった。それゆえ、日産が倒産状態の坂を転がり落ちるには、国際的文脈が変化するだけで十分であった。

マツダの危機はずっと早くから現れていた。折悪しく燃料消費型のロータリーエンジンを推進するという技術革新を選択したので、マツダは日本の他のメーカーとちがって、第一次石油ショックによって経営がぐらつき、それ以来、生き残りのためにフォードに助けをもとめた。三菱自動車はホンダよりも前に、革新的なクルマ――さしあたりジープ系やミニカー系のどこでも走れる特殊なクルマ――を売り出し、またアメリカ市場に進出するためにクライスラーと提携して、日本の第三のメーカーとなった。だがホンダとは反対に、三菱はそこから、こういった戦略をとるメーカーにはよくあることだが、全車種を製造して総合メーカーになるという誘惑に負けた。そのため三菱は多額の負債をかかえ、ありうる他の二つの戦略――トヨタの「継続的原価低減」戦略であれ、日産の「量・多様性」戦略であれ――を収益をともないつつ実行することに成功しなかった。

アメリカとちがって、ヨーロッパの自動車メーカーがすべて危機にあったわけでない

この「量・多様性」戦略は、高級車から大衆車まで全車種を揃え、多数の部品を共有するモデルを提供し、したがって量と多様性を両立させるものであるが、これは欧米のたいていのメーカーの戦略であった［Jetin, 1999］。この戦略がとりわけ奏功したのは、米仏伊といった、国民所得の分配が全国民的に調整されて階層分化が小さく、また所得分配が国内の生産性上昇に比例するような国においてであった。しかしながら、需要の大部分が更新需要となった一九六〇年代末以来、この戦略は、GM〔ゼネラル・モーターズ〕の主導によるその発祥地アメリカで困難に陥った。この時、アメリカのメーカーは、競争相手の吸収であれ、自動車の輸出であれ、あるいはプラットフォーム〔基本設計〕を共有する各種モデルを自分たちのヨーロッパ子会社と共同開発することであれ、この戦略に不可欠な規模の経済を発揮することができなかった。外国メーカー、とりわけ日本メーカーが、引き受け手のいないままになっていた「コンパクト」カーの市場セグメントに流れこんだが、第一次石油ショックの後、このセグメントが突然拡大した時にはとりわけそうであった。ビッグスリー——GM、フォード、クライスラー——の長い危機が始まった。

ヨーロッパでは、「量・多様性」戦略の最初の困難は市場からきたのではなかった。第一次石油ショックの前夜、市場はとてもまだ更新段階に達していなかった。加えてヨーロッパ市場は統一の途上にあ

り、合併の可能性が多数あり、それによって新しい規模の経済を生みだすことができた。困難は一九七四年より前、「量・多様性」戦略を可能としていた「コーポレート・ガバナンス妥協」——細分化され多能的な労働の受容と引き換えに、賃金購買力を持続的に上昇させるという妥協——が、労働者によって再検討に付されたがゆえに生じた。これが一九六〇年代と七〇年代の転換点における労働の危機であった。第一次石油ショック後も紛争はつづいたが、戦線は逆転した。今度は企業経営陣の方が、生産性上昇への賃金のインデクセーション〔連動〕を破棄した。世界の成長が停止したので、「量・多様性」戦略を追求していた企業は、あまり成長しなくなった自動車市場のシェアを他社から奪い取らざるをえなくなり、つまりは、自国の国内市場だけでなく工業諸大国の市場でも競争せざるをえなくなった。というのも原材料生産諸国の市場では、自動車の国内需要がテイクオフするという希望は、ほんの一時的なものでしかなかったからである。

ヨーロッパにおいては、すでに第一次石油ショック以前から輸出競争力に比例して所得分配がなされていた国の企業は、それぞれの戦略を利潤をあげつつ追求できただけでなく、新しい国際的持ち札を利用した。ドイツとスウェーデンのケースがそれである。一九五〇年代以来、ドイツ連邦共和国〔旧西独〕とスウェーデンは、特化することによって、直接の価格競争をしなくてもいいような——そしてこれによって高賃金と充実した社会保障の政策が可能となるような——財の輸出による成長に立脚してきた。これがいわゆる「スペシャリスト」メーカーの黄金時代であり、かれらは「品質」戦略を実践した。これはつまり、社会的上層の顧客がその社会的地位のシンボルとなる製品と引き換えに支払うような高価格の戦略である。そこでは、労働者が一定の自律性を回復するような組織形態について、実験が行われた。ボルボのウッデバラ工場では、労働者の通常の認知能力にもとづいて、二─四人からなる労働者チームが固定台のうえで、一台のクルマを組み立てるのを全部任せてしまうところまで行った [Freyssenet, 1995]。

そういった文脈においては、フォルクスワーゲンの成功はそれだけめざましかった。実際フォルクスワーゲンは、「フォード」モデルに倣って唯一の標準モデル――カブト虫――を生産するという厳密な「量」戦略のおかげで長期の繁栄を保った後に、「量・多様性」戦略を採用した。フォルクスワーゲンはこれを低成長という文脈に適応させたのだが、その際、同じ市場セグメントの各種モデルのプラットフォームを系統的に共通化し、他の三メーカー――アウディ、セアト、スコダ――をつぎつぎと吸収し、自分たちのクルマを買ってくれる各種市場――これは市場構造のいかんによる――に輸出した。その国の賃労働関係が高賃金を求めれば求めるほど、また、フォルクスワーゲン車の高品質は周知のところだが、それでも同じ品揃えをもつ競争相手よりもかなり高い価格をつけることが不可能であればあるほど、かれらは強烈かつ迅速にこれを実行した。したがって、「量・多様性」戦略とこの戦略を実行した「スローン・モデル」――これはGMの経営最高責任者たるアルフレッド・スローンの名前に由来し、彼を発明者とする――は、長らく信じられてきたこととは反対に、新しい国際的文脈によって失格とされたわけではなかったのである。フォルクスワーゲンは、「量・多様性」戦略を新たに利益あるものにするために、アメリカのメーカーがなすべきであったことを行ったまでなのである [Boyer et Freyssenet, 1999; 2000a]。

世界は変わる、業績も変わる

一九九〇年代の断絶は七〇年代のそれよりも重大なものであるということは、次第に確かなこととなっている。長らく標準財や特化財の輸出に立脚して成長してきた国の企業は、一九八〇年代に際立った成功をおさめた。そうしたことから、これらの企業や国がモデルとなり、他の企業や国によって直ちに模倣されるだろうと考えられた。当時はそうなるだろうと思われたのであり、また、時代の変化を察知しない人びとは今なおそう確信している。その頃、皆の頭にあり皆の口にのぼったのは、日本モデルとか、それより程度は小さいがドイツ・モデルやスウェーデン・モデルとかであった [Durand, Stewart and Castillio eds., 1998]。国際企業で競争力をつけたり回復したりするために、多数の企業が日本という学校に身をおくのだと宣言した。

実際、これらの企業は手はじめに、資産売却によって負債を軽減し、品揃え整理・工場閉鎖・人員削減によって損益分岐点を劇的に引き下げた。加えて、とりわけGM、フォード、ルノー、フィアットのように、日本的とみなされた諸装置を採用して自らの組織を改変する企業もあった。もっとも、それが可能となり実現できる諸条件が分からないままに、また各装置が意味をなすような利潤戦略を考慮しないままでの改変であったが [Lung, Chanaron, Fujimoto and Raff eds., 2000]。一九八〇年代後半、これら諸企業の業績は時に華々しく持ち直したが、それは日本方式を効果的に採用した証として、日本方式のすばらしい効率性の証として、また新しい生産モデル——リーン生産——が不可避的に普及した証として考えられた。残念ながら三極経済圏〔米欧日〕の各地域レベルで集計されたものでしかなかったが、MITのアンケート結果は、そうした一般的印象をタイミングよく確認することになった。

だが今や周知のとおり、事実はまったくちがっていた。アメリカが考えたのは、自らの国民的賃労働関係を転換し、成長を促進するための最短の道は、労働の規制緩和をすすめ、「スターウォーズ」の軍事契約によってエレクトロニクス部門の研究を大々的に支援し、資本市場の自由化を行うことにあるということであった。アメリカはもちろん、他の多くの国でも、逆オイルショックやドル減価によって増幅されたこともあって、こうした措置は大きな効果をもたらした。それは、まず最初に「投機バブル」を惹き起こして消費を刺激し、ついでバブルが崩壊したが、その帰結は日本、アメリカ、ヨーロッパできわめて異なっていた [Boyer et Freyssenet, 2000b]。

不安定化した日本は各企業の経営が均質でないことを暴露した

「投機バブル」はことのほか自動車需要を躍進させた。これに対応するためトヨタは、つねに慎重にではあったが、残業時間を大幅に延長せねばならなかった。というのも、きつすぎると思われる条件で働きたがる若者はいなかったからである。こうしてトヨタ生産システムは、完全雇用という文脈のなかで社会的受容の限界を越えてしまった。労働危機が爆発し、その結果、労働が根本から変容し、新しい「コーポレート・ガバナンス妥協」が再構築されねばならなかった。その解決法をトヨタは系列会社から汲みとっただけでなく、加えて、驚くべきやり取りを通じて、ボルボやメルセデスといったいくつかのヨーロッパ・メーカーから、しかもヨーロッパ・メーカーが労働編成にかんする社会技術的な方向を再検討していたまさにその時に汲みとったのである。少なくともこのレベルで労働に意味をあたえるため、ラインがさらに分割され、緩衝在庫がさらに増やされ、各チームにある程度自主性があたえられた。例えば、労働者が自ら標準時間を短縮していくという義務は解除され、賃金システムは改革され、残業時間は制限され計画化された、等々 [Shimizu, 1999]。欧米のいくつかの企業がなお模倣していると信じていた生産モデルは、その生誕の地ではすでにもう存在していないのである！しかもトヨタが、かつてのように堅固で有効な「コーポレート・ガバナンス妥協」の再建に成功したかどうか、確かでない。

バブルの崩壊、その後に日本経済が陥った長期停滞、対ドル為替レートにおける円高の持続、国際市場での他のメーカーとの競争力格差の縮小といったものは、もちろんトヨタにも影響をあたえた。トヨタの拡張は減速し、その部品調達網は変更され、これは他の日本メーカーにおいても同様であり、代わりにとりわけ東南アジア諸国のサプライヤーが有利となった。けれどもトヨタは、その生産システムに生じた変化を再検討するというよりも、むしろ逆に、必要な場合には、自分たちの行動指針となってきた旧来の組織や原理が、本当のところもはや日本の労働者に受容されていないということを確認した。

だが、もう一つ大きな挑戦がトヨタを待ちうけていたのであり、それはたんに「コーポレート・ガバナンス妥協」にかかわるだけでなく、その利潤戦略そのものにかかわっていた。国民所得の分配形態の進化から利益をえた階層によって支えられて、レジャーカーの需要が拡大したが、その結果、普通車――トヨタの製品政策は必然的にここに絞りこまれていた――のシェアが低下した。トヨタは革新をし、リスクを取り、こうして自らの利潤戦略を変更し、他とは潜在的に矛盾する組織的社会的諸装置を導入する必要があったのだろうか。トヨタはきわめて注意深くそうしはじめ、実行には緊張や危険な賭けがともなうだけに、限定的に進めようとした。それゆえ世紀転換期、トヨタにとっての問題は、イノベーションと継続的原価低減をそのうちにうまく両立させうるかどうかを知ることであった。もしそれに成功するならば、そこからトヨタは、新しい利潤戦略や新しい生産モデルを創出していくだろう。

反対にホンダは労働の危機を免れた。ここの雇用関係は、どちらかというと青年労働者層の新鮮な熱気にみちた局面にあり、会社が提供した最高の労働条件のおかげで、労働者からの手厳しい拒絶にあうこともなかった。加えてホンダは、市場構造の転換をうまく利するべく格別に準備が整っていた。バブル期、ホンダはこれに即座に反応し、若きヤッピーという成金層の期待に応えたモデルを発売したが、当時は「レクレーショナル」カー〔RV車〕需要が芽生えていたことを知らなかった。しかしホンダは反応が速かったので、バブル崩壊後、日本でこの市場セグメントに大挙参入し、いまやそのリーダーとなり、この分野で欧米メーカーと競争するまでになった。ホンダは日本第二のメーカーとなった。自己金融政策と独立性のおかげで、ホンダはトヨタほどではなかったが、他のメーカーのように、日本の銀行システムの崩壊によって直接に影響を受けることはなかった。

これに反して日産、三菱、マツダは重い負債をかかえ、とくにアジア経済危機後には、信用の逼迫や枯渇に耐えきれなかった。国際世論が唖然とするくらい、これら各社の弱点が暴露され、二一世紀の生産モデル――かれらは何十年来それを体現していると思われていたのだが――とはまったく反対に、むだ、重複、過剰能力、機能麻痺、内部紛争、顧客需要の無視、欠陥隠し、等々が明らかとなった。ルノー、フォード、ダイムラーといった欧米諸企業は、ほんの少し前まではあまり業績がよくないと見られていたのだが、それら諸企業が救済にやってきた。生徒が先生を乗り越えたということだろうか。そうではない。欧米諸企業の再建は、何よりもその「損益分岐点」を政治的社会的に急速に低下させてきたという可能性のゆえであり、とりわけ、すぐ後で見るように市場および労働の変化のゆえである。だが、破綻した日本企業を管理する欧米企業にとって最大の難関は、一個同一の総体のなかであい異なった利潤諸戦略を両立させることである。

「新モデル」の（表面的）採用でなく市場構造の変化によって救われたアメリカ企業

アメリカにおける一九八三年以来の好景気によって、自動車需要はまた次第に強まった。だが同時に、国民所得の分配においていっそう「競争的」な様式が採用されたので、自動車の需要構造が変化した。新しい環境によって有利となった階層は、とりわけ新型のライトトラック――ミニバン、レジャー用ピックアップ、スポーツ・ユティリティ・ビークル（SUV）――を購入することによって、自分たちの金満ぶりを示そうとした。こうした新風の到来を最初に感じとったのはクライスラーであった。当初の利潤戦略――すなわち「イノベーション・フレキシビリティ」戦略――との折り合いをつけながら、またトヨタその他でなくホンダの経験を熟考しながら、クライスラーは、グッドタイミングでミニバン――ボイジャー――を発売して大当たりし、ついでレジャー用ピックアップやジープから転用したいくつかの車種を出して地位を強化した。誰もが驚いたことに、クライスラーはほどなく灰燼のなかから復活した。GMとフォードもこれを模倣したが、これらの車種への高率の関税や協定のゆえ、日本メーカーは北米市場で同じことができなかっただけに、それだけいっそう有利に進めることができた。本質的にこうした現象のおかげで、かれらは再建ができたのである。

一九八〇年代末に投機バブルの崩壊があったが、アメリカ・メーカーにとって、これは一時的な需要減退を招いただけであった。やがてアメリカはもっと長期の成長サイクルに入り、そのなかで需要は勢いよく回復した。一九九〇年代冒頭にまた落ちこんだが、この時、アメリカ帝国の厳然たる凋落を予言する者もいた。だが時代はまさに、先立つ数十年を特徴づけた二重の対立――共産主義世界との対立、および、日独を筆頭とした工業財による輸出主導型成長の諸国との対立――の勝者となって、アメリカが事実上かつてなく強力になっていくプロセスにあったのである。発展途上国に対するアメリカの行動は、およそ協力・援助政策に対立するものであるが、それすらも、東南アジア――世界的成長のエンジンになると言われた――をはじめとする新興諸国の華々しい経済的離陸《テイクオフ》とともに、成功によって飾られてしまった。実際、証券市場や銀行を襲ったさまざまな出来事をとおして、アメリカの成長様式は変わってしまった。労働の規制緩和、資本市場の自由化、信用の容易さといったものが、エレクトロニクス・情報・メディア部門で無数の活動が輩出するのに有利な要素となった。これらの部門では、研究への国家の大型補助によってイノベーションが生まれ、それが成熟の域に達し、利潤をともなって利用されるようになった。国内消費が再び持続的に回復し、同時に不平等の程度が大きくなった。

自動車市場はかつてなく二分された。普通車とライトトラックの二つであり、後者は、活力と公然かつ当然の成功とのシンボルとなり、特定新車販売の四〇%近くを占めた。クライスラーは最も利益をあげた企業の一つとなり、時にはその格好の事例として引き合いに出されはじめた。GMとフォードも記録的利益を収めた。だからといってこの二社は、利潤戦略を変更したわけでもないし、**リーン生産**を実施したわけでもない。「量・多様性」戦略に従って、この二社はクライスラーの革新的なクルマを模倣し、ライトトラックの各種モデルにつきプラットフォーム〔基本設計〕を共通化し、一つのプラットフォームあたりの台数を記録的に伸ばした。かれらは新しく国際的に進出する夢をもち、それによって過去の失敗を帳消しにしようとした。グローバリゼーションが進行しつつあり、それはアメリカによってがっちりと方向づけられていた。これをフォードは顧客の期待と各国の規制が同質化していく過程だと理解した。フォードはやがて量戦略に復帰できると考え、世界車《ワールドカー》政策を再開した。GMは新興諸国における手持ちのプロジェクトをふやした。またGMは、世界共通のプラットフォームに立脚した同じ製品という政策をとりつつ、しかしモデルを地域的に差別化するという形で、自分たちの欧州子会社を統合しようとした。というのもGMの眼には、需要の同質化など、あまりありそうにないことだったからである [Freyssenet and Lung, 2000]。

だが資本市場の自由化は、アメリカ企業の進路にはね返ってきた。資本所有がきわめて分散的なクライスラーは、「イノベーション・フレキシビリティ」戦略を持続的に展開するためには自らの財務的独立性が不可欠であったにもかかわらず、それを守ろうという注意深さがなかったので、収益性向上とリスク低減を求める株主の圧力を受け、乗っ取りという敵対的攻撃の対象となった。クライスラーはそこから身を守るため、以前なら絶対に行おうとしなかったことだが、ダイムラーと合併し、ついでに新しい市場に進出する手立てを入手しようと考えた。フォードはその世界車政策に失敗し、GMにならって世界共通のプラットフォームと地域別モデルの戦略に与《くみ》することを公式に宣言した。こうした実験の犠牲になったのがフォード・ヨーロッパであり、世紀の変わり目に困難に陥った。GMはアジア経済危機の後、新興諸国における自らのプロジェクトを早急に下方修正せねばならなかった。

これら多数の新興諸国のめざましい成長は、自由に流通し高収益をむさぼる資本によって推進されていた。そうした成長はある地政学的文脈を起源としていたのであり、またその文脈はやがて、社会主義陣営の消滅と旧社会主義諸国の資本主義への合流とともに変化した。日ましに強くなる自国市場開放の圧力を受けたので、これら新興諸国はまっしぐらに突き進み、ついには国際社会の債権者が恐れおののくまでになった。アジアの危機はまたたく間に他地域の新興諸国に広がった [Humphrey, Leclerc and Salerno eds., 2000]。アジア危機によって直接の海外移転プロジェクトが変更されたり放棄されたりしたとしても、その代わり、非能率な現地企業を監視下におく好機が生みだされた。GMは直ちに、あれこれの韓国メーカーを引き取ろうと提案した。二〇〇一年はじめの時点では、まだどこも最終的には引き取られていない。最後に二〇〇〇年、GMはまさに、新興諸国にいちばん賭けてきたヨーロッパ・メーカーすなわちフィアットと、提携合意に至ったのである。両社の提携は、それぞれが同じ「量・多様性」戦略を追求しつつ、本物の相乗効果《シナジー》の可能性を生みだす。これによって両社は、欧州市場向けおよび新興市場向けの各種モデルのプラットフォームを共通化しうるのである。

意表をつかれたヨーロッパ企業は各社固有の解決策を見いだしている

一九八〇年代のバブルは、これとはまったく別様に、ヨーロッパおよびその自動車メーカーに影響をあたえた。バブルの膨張期、それまで難局にあった諸企業——フィアット、PSA、ルノー——は急速に再建することができた。フィアットとPSAが「量・多様性」戦略に固執していたとしたら、ルノーはこれを放棄して「品質」戦略を優先した。この戦略は、各市場セグメントの上層部分に狙いを定めて自社モデルを提供しようとするものであり、それはこの戦略実行において新しい方式をなすものであった。量をこなすことが出来ない代わりに、品質に賭けることならルノーに可能だと思われ、わけても購買力のある北欧市場向けの販売へと方向転換した。その結果確認されたと思われる点は、この戦略が妥当性をもち、「総合的品質管理」――いわゆる「日本」モデルの別称――の旗印のもとでなされた再編成と両立しうるということである。この方向はいわば際立ったものであり、またそれらは、ボルボと結んだ提携――やがて合併するはずの提携――によって強化された。フォルクスワーゲンや特定車種メーカーといった好調企業は、かつてないほどよい成績をおさめたと見えた。しかしながら、賃金コストやサプライヤーの提供価格が暴騰し、その結果、一九九〇年代初頭にはこれら諸企業の損益分岐点が危機的なまでに上昇したが、その直後にバブルが崩壊し、ドイツは再統一の代価を払うことになった。

ヨーロッパの大部分の政府は緊縮的な財政政策を採用し、それによって景気の反転が加速され、みなが意表をつかれた。フィアット、ＰＳＡ、フォルクスワーゲンは、かれらの戦略に不可欠な新しい規模の経済を実現するために、もはや市場の拡大を当てにすることはできない。ルノーは狙っていた顧客層が突然離れていくのを目の当たりにした。メルセデス、ＢＭＷ、ボルボの古くからの買手は購入を延期し、その結果、赤字へと転落した。

フィアットは新興諸国に賭けるという形で対応し、新興諸国向けのクルマの品揃えを構想した。ＰＳＡはひたすら耐えて、自社の二ブランドにつき、その各種モデルのプラットフォームの共通化を加速し、部分的提携をふやし、こうして開発経費を他社と共有し、さまざまな部分集合〔モデル〕の量を増加させた。フォルクスワーゲンは労働組合と交渉して賃金総額を削減し、雇用維持という独自の解決法について組合と合意した。同社はサプライヤーに対してストレートに値下げを要求し、プラットフォーム共通化を推し進め、市場シェアをいっそう拡大するためにスコダを支配下においた。こうしてフォルクスワーゲンは急速に事態を改善し、自分たちの収益をあげた。

幸運にもルノーは、折りよく市場投入する革新的なクルマの蓄えをもっていた。社内論議を踏まえたこれら諸モデルは、新しい市場セグメントを掘り起こし、一九九〇年代を通じてルノーの重要な利益源となった。まったく期せずして、ルノーは事実上「イノベーション・フレキシビリティ」の利潤戦略へと移行した。だが反応性のよい生産システムをもっておらず、またそれゆえに、ルノーはコンセプトのイノベーションから得られる全利潤を引き出し損ない、直ちに模倣しうるような時間を競争者に許してしまった。しかしながらルノーは大いなる成功をおさめたので、自らを駆り立てて急激な国際的拡張政策に手をつけはじめようとし、またその際、アジア経済危機によって生みだされた好機を逃さなかった。ルノーは日本の日産、ルーマニアのダーチア、韓国の三星をつぎつぎと支配下におさめ、ブラジルに工場進出した。ルノーは、自分たちの四ブランドにつき、その各種モデルのプラットフォーム共通化のうえに立つ「量・多様性」戦略に復帰しようとしているのだろうか。それとも普通車モデル、革新車モデル、高級車モデル、新興諸国モデルのすべてを製造しうると思っているのだろうか。本章冒頭で見た理由のゆえ、今日まで誰一人これに答えた者はいない。三菱との提携のせいで重荷を背負ったダイムラー・クライスラーに提起されている問題も、これと同じである。二〇〇一年初頭、この二社において、自分たちの合併を正当化するために発表した相乗効果なるものは、依然として見られない。こうしたメガ再編なるものが崩壊する可能性も、決して排除できないのである [Boyer et Freyssenet, 2000c]。

各国別生産モデルも普遍的モデルも存在しない――収益性の諸条件

以上、二〇世紀後半の自動車部門の歴史を概観してきた。おわかりのとおり、ある時代、企業の収益性を保証する唯一普遍の答えなど存在しない。各国別生産モデルなるものもまた存在しない。経営陣も労働者も、企業生き残りの条件だとされるところの、何らかの唯一のシステムなるものに従う必要はない。以上すべてから考えられるのは、資本主義的企業の業績《パフォーマンス》には二つの条件があるということである。第一に、企業の活動空間に依存して需要や労働の構造が決まるのだが、そういった活動空間の成長様式との関係で適切な利潤戦略である。第二に、企業の主要アクター間の「コーポレート・ガバナンス妥協」であり、これによって諸アクターが選択し受容しうる戦略と整合的な手段を見いだすことである [Boyer et Freyssenet, forthcoming]。

（1）本章の素描は以下の文献でなされている。FREYSSENET M., « Le Japon n'est plus considéré comme l'unique creuset du modèle productif demain », in CORDELIER S. éd., *80 idées-forces pour entrer dans le XXIe siècle : Le* *nouvel état du monde*, La Découverte, Paris, 1999, p. 122-124.

ここに示された結果はもともと、「ＧＥＲＰＩＳＡインターナショナル・ネットワーク」（自動車産業と労働者にかんする常設的研究組織、エヴリ大学、社会科学高等研究院）の枠組みでなされ、二七カ国三五〇名の社会科学研究者が結集した、以下の二つの連続的な国際研究プログラムに由来する。第一のプログラムは「新産業モデルの出現」と題され、ロベール・ボワイエとミシェル・フレスネがまとめ役となった。第二は「世界化と地域化の狭間に立つ自動車産業」であり、まとめ役はミシェル・フレスネとヤニック・ルングであった。これら二つのプログラムの成果が収められた書物や論文は、本書巻末の参考文献中に示してある。

＊ ＧＥＲＰＩＳＡ（自動車産業と労働者にかんする常設的研究組織）はＣＳＵ（都市社会文化）内に組織された一研究グループであり、ＣＳＵは他の八研究単位とともにＩＲＥＳＣＯ（現代社会研究所）を形成し、そのＩＲＥＳＣＯはＣＮＲＳ（フランス国立科学研究所）に所属する。

8 日本におけるeエコノミーの予期せぬ道——道程と分析

佐々木かをり

インタビュー構成＝ブリス・ペドロレッティ

㈱イー・ウーマンの創設者・代表取締役社長

日本人女性が男社会である実業界において野心を示すのは珍しいことであり、しばしば悪く思われもする。佐々木かをり、二〇〇一年現在四一歳、既婚、二人の子持ち、元ジャーナリスト、元テレビキャスター。彼女は、今日本に起こっている大変動を利用し、eWoman というインターネット・サイトの立ち上げによって、仕事と家庭の両方で花開こうとしている新しい世代の女性たちを活気づけようとしている。「私が望んでいるのは、教育者の役目を担うことではなく、自分の可能性を広げようとしている人たちのお手伝いをすることです」と佐々木かをりは説明する。彼女にとって、eWoman は、従来から取り組んでいた改革の到達点である。日本で女性起業家が支援を受けることがほとんどないことを認識したのは、彼女が二七歳の時、すなわち一九八七年に初めて事業に手を染め、国際コミュニケーションのコンサルティング会社〔ユニカルインターナショナル〕を設立しようとした時である。翌年、彼女は、ニュービジネス協議会のアントレプレナー特別賞を受賞した。一九八九年、彼女は、ビジネス界でより活躍していくことを望んでいる女性たちのための相互支援ネットワーク（NAPW：Network for Aspiring Professional Women）を立ち上げた。一九九六年には、女性のための初めてのインターネットホームページ、ウィメンズゲートウェイ（Women's Gateway）を開設し、東京において第一回国際女性ビジネス会議を組織した。以後、この会議は毎年開催されている。

二つの才能の出会い

eWoman に関して言えば、佐々木かをりは一人の精力的なパートナーと手を組んだ。携帯電話用マイクロウェブｉモードの生みの親、松永真理である。松永真理は、二〇〇〇年にＮＴＴドコモ社を退社し、イー・ウーマン社[*1]のエディトリアルディレクターに就任した。東京の中心でありシックな若者の街、表参道に位置するイー・ウーマン社は、日本のネット経済の発祥地である渋谷——ビットバレー[*2]（Bit Valley）――の中でも最も注目を浴びているベンチャービジネスの一つである。
一九八七年に佐々木かをりが最初の会社を設立した時には、若い独身女性が起業することは非常に珍しいことであった。彼女は小規模なレベルで事業を行い、必要な資金は友人たちから集めた。彼女にとって重要であったのは、自分のプロフェッショナルな活動を会社という形態で示すことであった。イー・ウーマン社の設立は、この経験とは全く異なるものである。というのも、全く異なる規模で資金を探す必要があったからである。佐々木かをりが松永真理とともに事業に着手した時（その頃松永はNTTドコモ社の下で三年契約で仕事をしていた）、佐々木かをりは、iモードの成功がこれほど反響を呼ぶことも、松永真理がこれほど有名になることも予想していなかった。事業の方面で培われたこうした経験は、投資家をしてこの二人のコンビを信頼させるに足るものであった。一人はエディトリアルディレクターという肩書きでサイトについてのアイデアを出し、コンテンツを管理する。もう一人は会社の経営に専念する。

二〇〇〇年九月、サイトは立ち上げられた。女性一六人、男性四人、合計二〇名がこの会社で働いている。最初、この会社は何の支援もなしにスタートした。しかし、半年もたたないうちに、サイトが立ち上がるのに先立って資金の目処をつけることができた。スタートには困難が伴わないではなかったが、この創設者たちは幸運に恵まれていた。いくつかの企業が彼女たちのヴィジョンに賛同したからである。佐々木かをりの言葉を借りれば、彼女たちの夢や希望と比べれば、現在のサイトの状態はほんの出発点でしかない。インターネットは日々進化し、毎日のように新しいアイデアが生み出される。ユーザーの要求もまた然りである。それゆえ、eWoman は自らの可能性のうちのほんの一部分を活用しているに過ぎない。事業は、まだ探求と見習いの段階にある。佐々木かをりと松永真理は言う。「私たちはとても楽しんでいますし、スタッフの多くも同様です。これはまさに一つのベンチャーであり、日々繰り返される賭けなのです」。

eWoman——一つの独創的な概念

日本では流行を発信したり、財布のひもを握り、消費の主要なエンジンとなっているのは女性である。eWoman は、顧客ターゲットとして熱い目で見られている、そうした女性たちを対象とする。何千人もの女性たちがインターネットを介し、ありとあらゆるテーマや製品について意見を述べる。自分たちの経験や子供を預ける場所がテーマになることもあれば、会社の設立や提訴にあたっての助言が与えられることもある。

女性のためのこのサイトは、女性が好む三つのイメージ・カラーで構成される。赤は Money&Work〔血となり肉となるジャンル〕、白は Life & Family〔パンでありご飯であるジャンル〕、緑は Beauty & Entertainment〔ビタミン・緑黄色野菜であるジャンル〕——この三つのカラーコンセプトが調和するよう、願いが込められている。三つのカラーのそれぞれをクリックすると、さらにいくつかのセクションにたどり着く。それらの主要な情報源はユーザーの女性たち自身である。毎週月曜日には、新聞・雑誌の編集長、オピニオン・リーダー、著名なジャーナリストなど一一人の専門家が、検討に値するテーマを各週ごとに出題する。ファッションから政治まで、仕事から教育や恋愛までをカバーするバラエティに富んだテーマは、インターネット利用者がそれらを参照し、選択するのに応じて自動的に分類される。各々のテーマについて、インターネット利用者は、自分の意見を投稿することができる。しかし、これは通常のフォーラムとは異なっている。通常のフォーラムでは、しばしば長ったらしい面白くもないメッセージが投げこまれ、独創的なメッセージはなかなか目に付かない。このサイトでは、編集チームがメッセージの編集を行い、それらを要約し重要な論点を取り上げる。そして、毎日、各テーマ担当の専門家がメッセージを読み、回答する。「それゆえ、このサイトは非常に双方向的であり、作り事がまったくなく、すべて参加者から発信されたものですから、活気にあふれた現実的なものです」。

仮に、ニュー・エコノミーがＩＴ分野を指すと理解するならば、佐々木かをりにとって「〔ニュー・エコノミーとは〕女性たちが日本のビジネス界でもっと重要な役割を演じる可能性を開くものです。ＩＴ分野やインターネット関連の企業は、規模が小さく、融通がきき、従来の慣習にさほどとらわれない傾向があります。働く女性たちに適した企業と言えるでしょう。私が最初に設立した会社、ユニカルインターナショナルでは、既婚女性全員が小さな子供を抱えていました。競争力を持ち続けたいと思っている企業は、能力ある女性労働者を引き寄せ、確保する力を持つことが絶対に必要です。女性たちは、それぞれ異なった要求や生活様式を持っています。日本のビジネス界は、もはやこうした女性たちの要求や熱望を考慮に入れずに済ますことはできないのです」。

日本人のメンタリティは障害となるか

「日本には、『出る杭は打たれる』という古いことわざがあります。もし、他の人と異なった行動をするならば、目立ち過ぎてしまい、尊敬されないおそれがあるという意味です。一般にＩＴやインターネットの分野のこととして理解されているニュー・エコノミーは、日本では旧来の経済体制に突き刺さった杭のようなものです。eWoman の活動や行動様式は、しばしば、伝統的で保守的な事業運営の方法とは大きく異なっています。だから、私たちの会社が目立ってしまうのです。メリットとしては、『杭』の役割を演じる時には大きな注目を浴びる権利が得られるということがあげられます。逆にデメリットとしては、eWoman のすることなすことが、微に入り細をうがって観察されているような印象があることです」。

日本政府が、組織・法制度・慣習などの面で、ニュー・エコノミーの発展にブレーキをかけはしまいかということに、今多くの関心が寄せられている。佐々木かをりは次のように言う。「日本の法制面について言えば、私のような起業家に対する支援策はごく限られたものしか用意されていません。たとえば、企業家や会社社長向けのストック・オプション制度は、アメリカでは非常にポピュラーなものですが、日本では多くの規制があります。アメリカでは、ベンチャー企業のために、創業者向けおよび外部の投資家向けとで異なる二重の株価制度を法律で認めています。外部の投資家よりも有利な価格で創業者が自社株を買うことができるように、二重の株価を設定するという考え方です。言い換えれば、アメリカには、自分の会社を起こそうとする人たちに対する明確な支援・報酬のシステムがあるのに対し、日本にはこの二重の株価制度はありません。新規に設立される会社が発行する額面株式は、一律五万円に固定されています。会社を誕生させたのが自分の考えや行動の賜物だったとしても、創業者は他人と同様に一株五万円で自社株を買わなければならないのです。加えて、日本の現行の法律〔商法〕の下では、株式会社を設立する場合、最低一〇〇〇万円の資本金でスタートしなければなりません。アメリカではそんなことはないようです。

さらに佐々木かをりの言葉を続けよう。「第二の障害は、女性の活動条件に関わるものです。日本では、自宅やホーム・オフィスで仕事をする女性たちは、しばしば不利益を被っています。なぜなら、費用が安く済む公立の託児所に子供を預ける権利があまりないからです。自宅で仕事をする女性は日中託児所をあまり必要としない、というのが政府の弁です。ホーム・オフィスを構えて働こうとする動きに水を差すこの種のハンディキャップは、非常に反生産的であると言えます」。

日本を変える——物まねすることでは必ずしもなく、学ぶこと

「eWoman にとって、アメリカのモデルを学習することは、真似しようとすることを意味してはいません。たしかに、日本人は常に外部の世界や外来の思想に対してオープンでした。あるいは、少なく

とも、外国から発信された情報を得ることに非常に熱心でした。日本人は常に、外国とくにアメリカの商習慣や経営方法に注意を払ってきました。新しい思想を発見するために他人に依存することは、日本人に最もよく根づいた特性の一つでしょう。日本人は常に、ある計画を企てる時、あるいは自分の行動を省みる時には、まず他人がしていること、他人のやり方を見ることを好みます。本の脚注を頼りにするようなものです。日本人は、他人から学ぶという行為を堅く信じています。この意味では、『国際化』は近年の現象だとはとても言えません」。

「この認識は、『グローバル・スタンダード』の問題にも当てはまります。日本では、しばしば、この表現は和製英語であると言われます。『スタンダード』を求める時、eWomanは個人と企業を国内と国外の両方の物差しで考えます。基準となる企業は大企業や有名企業である必要はありません。しかし、その企業は、高レベルの従業員教育プログラムや高い企業倫理を持ち合わせていなければなりません」。

「日本は今やこのように、多くの物事が変わる段階に到達したと言えます。経済だけではなく、政治、教育、生活様式、さらには人権の分野で。過去にも、このような過渡期の局面はあったように思います。しかし、今日、インターネットや景気の落ち込み、さらには新世紀に突入したという特別な雰囲気なども多分あいまって、日本社会は多くの面で転換期を迎えています。それ以上に、このような変化が必要だと信じる日本人は増え続けることでしょう」。

＊1　会社名は「イー・ウーマン」、サイト名は「eWoman」が正しい表記である。(URL : www. ewoman. co. jp)

＊2　ビター（渋）・バレー（谷）に、情報量を示す単位のビット（bit）を掛け合わせた造語。アメリカの「シリコンバレー」をもじったもの。

9 なぜ経営方式はいつまでも異なるのか――サン=ゴバン社の事例

ジャン=ルイ・ベッファ

サン=ゴバン社社長

一九七〇年代以降、経済活動の国際化により、企業経営の規準の決定に関していくつかの重大な影響がもたらされた。企業はその本拠地以外に拠点を増やし、国際貿易を盛んに行っているため、このインパクトはより一層強いものとなっている。サン=ゴバン社をとりまくマクロ経済環境は、このようにここ三〇年間に著しく変化した。とくにこの一五年は、資産市場の規制緩和や金融仲介機能の集中によってそれが示されている。

こうしたマクロ経済の動向に付随して、制度配置がその時代の情勢に最も適合している国が経営に関しても他国に範を示すであろうと考えることもできる。その見解に従えば、世界中の企業は、日本経済が最も強い時には日本の組織規範を、スウェーデンないしはフィンランドが最も立派な国であるように見える時にはスカンジナビアの組織形態を、あるいはアメリカ合衆国の経済が参考になる時には北米の組織原理を模倣するのが得策ということになる。

各国のシステムに応じて異なる経営

この章の目的は、日本型、ヨーロッパ型、北米型など、さまざまな形態で存在する資本主義の多様性は、むしろトランスナショナル〔超国籍的〕企業の経営方式によって維持されているという仮説を提示することである。一般化できると思っているわけではないが、サン＝ゴバン・グループを構成する企業の複数の国での経験がその例としてこの章で言及される。

日本モデルの終焉や北米モデルの復活といった、理論的というよりもメディア好みの憶測を排除するだけではなく、サン＝ゴバン社が関わっているさまざまな国で産業コーディネーションの形態の間に相違が根強く残っていることを明らかにすることが、何よりもまず重要である。実際、藤本隆宏[Fujimoto, 2000]によれば、日本を参照基準にすることに関する認識の変化がどのように単純化や過剰なリアクションと結びつけられているのかを指摘することができる（第10章参照）。結局のところは、経済環境の変化に対して企業がどう適応するかということの方が、経営に関する文献によって影響を受けた流行への宗旨替え——順番に、リエンジニアリング、価値創造、インターネット化——よりも重要性を持っているのである。

ヨーロッパの巨大な産業グループは、それらが拠点を置く国の法的諸制度の中にしっかりと根を張り続けている。それらの企業は、同時に様々な制度の下で企業活動を展開することを学習し、また各制度間を裁定し、それぞれの比較優位を組み合わせるために固有の組織配置の組合せを創出することを学習したのである [Streeck, 2001]。企業の環境に由来する、これ以外の理由によっても、それらを各国の実情に応じて学ぶことが促される。研修、技能習得、研究能力、あるいはもっと広く教育というものは、市場の情勢や消費者の期待、そして当然ながら社会的諸関係と同様に、常にそれぞれの国に特有のものとして出現する。

それでは、一九七〇年代以降のサン゠ゴバン社の活動における、ヨーロッパ法人、北米法人、日本法人——これらは、それぞれの国における拠点から、製品市場の国際化を競うことを目的として設立されたものであるが——の経験はどのように描かれるのか。ここ三〇年の間、世界市場においてサン゠ゴバン社と競合するアメリカ企業の競争力の減退は、ことのほか顕著であると思われる。サン゠ゴバン社のアメリカ、フランス、日本の各法人の組織形態の差異は、この現象を解明することに貢献し得るであろうか。この後に続く分析では、とくに雇用関係に違いが生じるあり方を観察することを提案する。実際、労働者のコーディネーションによって執拗に再現されているのは、経営に関する流行も変化を与えていないという図式であると思われる。

アメリカ合衆国では——同僚よりも顧客を優先

サン＝ゴバン社がアメリカで企業買収を行う時、問題はおよそ次のように提起される。すなわち、似通った生産構造で比較すると、研磨剤、建設資材、さらには包装材といった部門における大きな生産性の遅れを補うためにはどのようにしたらよいのか——ということである。ここでは、ヨーロッパあるいは日本の生産性に追いつくことよりはむしろ、組織形態を利用しようとすることの方が重要である（第2章参照）。実際、ローカルな構造というのは避けられないものであり、アメリカの事例の特異性は、何らかのモデルを手本にしたり、押しつけたりするわけにはいかない。アメリカの人事担当役員たちは何らかのモデルを手本にしたり、押しつけたりするわけにはいかない。アメリカの人事担当役員たちは、たとえば労働者の識字率にも、可能な限りアウトソーシングしようとする経営者の性向にも現れている。北米企業の間で共有されている表現に従えば、労働者は、顧客に奉仕するためにいる。そして、その顧客とは、同一社屋で働いているか否かを問わず、他の部署の従業員なのである。ヨーロッパや日本では同僚同士として結ばれる関係の大半が、アメリカでは顧客同士の関係として展開されている。

同様に、現場での経験や訓練によって形成される特殊能力も、商業的秩序のメカニズムによって促進されている。そこでは、同僚は一人の消費者として紹介されるかもしれない。ヨーロッパ企業内部で見られるところの、隣人関係としての連帯や共同体アイデンティティとはかけ離れているが、こうした特異な協力形態も維持されなければならない。最終的に、研究、生産、販売に関する部門は上部からの命令を受けてコーディネートされ、様々な「顧客」間の一貫性の維持が図られる。企業収益を背後で支える技術的かつ人的効率性の原理を適用することが、こうして不可欠であり続ける。そのため、サン=ゴバン社の人事担当役員たちは、新たな企業買収において、企業内ヒエラルキーのコーディネーションと同様、さまざまな部門間のコーディネーションも斟酌しなければならないのである。

それゆえ、かれらの目的は、それぞれの部門に応じて労働者の愛着心や多方面での能力を奨励・支援する手段を展開することにある。こうした特徴は、かつてのように要求の結果として存在するのではなく、経営者のイニシアティブによって生まれた。そして、それは生産性の問題の核心であるように思われる。労働契約の顕著な柔軟性《フレキシビリティ》と細分化は、企業特殊的な能力《コンピタンス》が存在して時とともに強化され、雇用主と労働者が一定の雇用の安定を求めようとするタイプの生産においては、不利に働く[Beffa, Boyer et Touffut, 1999]。同様に、生産性と雇用形態との間の関係は、労働者の資質の特殊性の度合いと結びついている。アメリカでは労働力が非常に頻繁に入れ替わることによって、こうした特殊性を深めることが妨げられている。労働者は、定期的に退職を繰り返した場合、利益を見出し得ないのである。

フランスと日本では――職種や企業と結びついた各種の能力

さらに、サン=ゴバン社では、特殊能力の質が労働力の流出圧力という一般化した現象の悪影響を受けることはなかった。というのも、サン＝ゴバン社の生産単位の大部分は、流通ネットワークとつながっているからである。実際、流出圧力は、顧客がその下請に非常に正確な情報を与えうるような産業において必然的に発生した。恐らく、このタイプの企業では、労働者と職長との間の関係が、労働者のより大きな自律性《オートノミー》にとって代わられて以降、紛争の数が減った。そしてその関係においては、果たすべき明確な任務ではなく、実現すべき成果が定められている。しかし、このシステムは、疲労ないしは神経症に起因する紛争を減少させることはなかった。サン＝ゴバン社としては、オートメーション化の影響が多数の労働者に及び、労働のリズムを変更せざるを得なかったにもかかわらず、激しい流出圧力を受けている産業で観察されるような、「もう散々だ」というタイプの紛争を経験したことはないように思われる。実際、多くの労働過程におけるデジタル化にもかかわらず、サン＝ゴバン社は、実行部隊の動員を確保するような伝統的な昇進システムを維持することを望んだ。

日本企業のように、サン＝ゴバン社も、顧客と株主との間で目標をバランスさせなければならない。藤本の分類（第10章参照）を援用するならば、サン＝ゴバン社は、どちらかと言えばクローズド・インテグラル型の製品を発展させるであろう。これは、製品の販売と一体化したサービスによって顧客を引きつける競争力を持ち、モジュール経営ないしは組合せ経営を回避すべきであることを意味している。フランスでは、産業レベルでの労働者の流動化は、ある職業集団に属することで成り立っている。したがって、そうした職業集団の典型的な労働者たちは、ある特定の職種に結びついている能力《コンピタンス》の保有者として定義される。このように、こうした能力の性質は、日本において企業規模で定義される能力

――それは、特定の職務および給与上の地位と対応する――とは著しく異なるものである［Isogai, Ebizuka and Uemura, 2000］。監督者の責任において、報酬は、労働者が占めるポストよりも労働者が要求される役割に応じて決定される［Touffut, 1997］。日本の規範に着想を得た「共同体企業」モデルは、生産の分権化、査定の共通化、労働者の順応性、そしてイノベーションを促進するような企業内関係の協調的な性格の上に築かれた生産システムの成功に根拠を置いていた。したがって、この「共同体企業」モデルは、アメリカでは模倣され得なかった。実際、アメリカでは、管理職の立場にいる者は、企業内部での競争原理も働かせつつ、同時に、周辺業務と目されるものに関しては外部市場に委任した。こうして、自律的《オートノミー》なプロフィット・センター〔利益責任単位。一般に、独立採算制に基づく事業部・工場・課などの組織単位を指す〕の創出は、企業内協調の普及とは逆方向のものとなった。アメリカの外的フレキシビリティの出現がそこに認められるのである。

一般化して言えば、サン＝ゴバン社は、グループとして買収を行ったあらゆる企業において、それぞれ固有の雇用形態を維持した。しかし、買収の方法が時にアメリカでそうであるように敵対的であったか、あるいはヨーロッパにおいてしばしば、日本において常にそうであるように融和的であったかに応じて、雇用関係の継続が影響を受けたことは事実である。第一のケースにおいては、ある企業の支配権を獲得することによって、上級幹部のうちの大部分の解雇がもたらされた。他方、第二のケースにおいては、役員の職にある管理職の一体化がもたらされた。管理職層が推進していた以前からの労務政策はこうして、程度の差こそあれほぼ踏襲されたのである。しかしながら、人事部役員が一新された時でも、サン＝ゴバン社の典型的な雇用形態が押しつけられたわけではない。

一方における北米、他方における大陸ヨーロッパと日本との間の対抗を通じて、**フォーディズム**の時代に見受けられた企業内諸関係の変化が想起されよう。すなわち、企業の所有と支配の分離は、ヨーロッパと比較すると北米の方が不分明であった。アメリカ人の観念は、経営者は所有者の代理人として行動しなければならず、労働者は交換可能なユニットであり、他の財と何の違いもない労働という財のサプライヤーであるというものであるが、そういった観念は今日再び強くなっている。こうした見解は、北米企業グループの大方のイノベーション行動――主に管理職層の能力に対する投資からなり、工場労働者にはあまり注意を払わない――に影響を与える。同様に、アメリカの雇用形態は、管理職層において雇用保障の浸食を受けている。そして、革新戦略よりも適応戦略を優先する傾向が明確となった。すなわち、投資に対するリターンを得ようとする金融界からの増大しつつある影響によって、企業内の諸アクター間の協調原理――そこでは企業における時間の地平線は、アプリオリに果てしなく続く――が再検討に付されている。長期的な変化であれ、短期的な変化であれいずれも、どのような刺激やどのような規範のインパクトの下で、企業がどのように組織化されるかについての学習を促す。企業の構造の複雑性は、企業の歴史の規模でしか学習され得ない。実際、企業は予め決められた目標を最大化するために設定された企業本来の目的――すなわち取引コスト削減――を有する、という単純化されたシェーマから離れなければならない［Granovetter, 1998］。労働者と企業の各部門との間で生成し発展するコーディネーションのプロセスは、むしろそれらを支える規範や慣習から出発して分析されなければならない。

以上のように、サン＝ゴバン社は、いくつかの基本方針のもとに、安定的・多面的な雇用形態を奨励することにより、グループ構成企業の組織の中心に協調を据えようとしている。その基本方針のうちには、近年、金融市場で得られた機会も加えられた。サン＝ゴバン社の労働者は給与貯蓄プランに加入することにより、他の株主と比較して二〇％引きの安値でのストック・オプションを得たのである。これは、製品の品質などによる製品差別化によっても大量生産との一貫性を失っていないフォーディズムを継承する諸産業において実施された。ただし、このストック・オプションは、報酬制度の一要素に過ぎないと理解されるべきである。割引方式に基づき、労働者が保有する資本比率は内在的に制限されていることから、ストック・オプションは報酬制度の金融化を導くものでもなければ、企業所有者と社員の間の権限配分［Lordon, 2000］に関する期待を表すものでもない。

Ⅳ よみがえる多様性

対照的な各国別軌道のみならず、企業経営の様式に依然根強く残る差異をも考慮に入れた分析ツールや理論の展開は、可能であろうか。すでに、いくつかの仮説や方法によって、一九六〇年代の成長の原動力に関するものと同様に、八〇年代末以降に起こった逆転現象の理由を明らかにすることが可能となっている。

10 日本企業の適応戦略の多様性
――一つの分析[*1]

藤本隆宏
東京大学教授

単純化した分析は不適合な戦略を生み出す

一九九〇年代を通じて、日本経済や日本産業のパフォーマンスに関する分析は、日本においても欧米においても、過度な楽観論から過度な悲観論へとシフトしてきた。日本の諸産業が長い不況の影響をこうむり、主要企業の収益も落ち込んでいること、企業の倒産件数が増加し、金融システムも危機に直面していることは事実である。しかしながら、そのような分析の多くは、銀行業、自動車産業、あるいはコンピュータ産業などといった諸産業の間に存在する基本的な違いを正しく認識していない。このような過度な単純化は、企業経営者などの実務家が間違った忠告に従い、不適切な過剰反応をすることにもつながりかねない。従って、ある種の悪循環に陥る危険もある。

この章では、異なる産業部門に共通して存在するファクターはあるにせよ、効果的な適応戦略は産業部門ごとに様々であり得る、ということを示す。この違いを認識することによって、過度な単純化と過剰反応との悪循環から脱却することができるのである。その場合、適応戦略に即して、諸産業を分類することが問題となろう。厳密に言えば、各産業はそれぞれ固有の歴史や現況、将来展望を持っている。とはいえ、概括的に諸産業の適応戦略を分類しうるような、いくつかのキー・ファクターは存在する。ここでは、次の二つのファクターが重要と思われる。すなわち、競争のオープン性の度合い〔競争がオープンかクローズドか〕と製品アーキテクチャ〔のオープン・モジュラー性の度合い〕である。実際、適応のパターンは、この二つのファクターと関連しており、競争における現在のポジションや過去の軌跡により異なったものとなっている。

製品の多様性は企業組織の多様性を伴う

競争のオープン性という概念は、その言葉通りの意味である。他方、アーキテクチャという概念については、若干の説明を要するであろう。製品アーキテクチャは、「製品の機能や構造を設計するための基本的な構想」と定義される。従来の研究では、以下の四つの分類がなされてきた。

モジュラー・アーキテクチャ——モジュラー・アーキテクチャの製品とは、自己完結的に機能するモジュール・部品で作られているものを指す。それらの相互依存関係は薄く、それでも残存する相互依存関係は、あらかじめ設計された標準的なインターフェイスのルールによって処理されている。各モジュール・部品の機能や構造が分離されていることによって、技術者たちは、それぞれの構成要素〔モジュール・部品〕を独立的にデザインすることができる。こうした独立性は、一方では、各構成要素の「組合せ（寄せ集め）」を可能とし、バラエティに富んだ新製品を容易にかつ迅速に生み出すことを可能とする。他方では、予め固定されたインターフェイスがデザインの制約要因となるため、最終製品のデザインの最適化が困難となる。

インテグラル・アーキテクチャ——インテグラル・アーキテクチャの製品とは、機能や構造が相互依存関係にあるモジュール・部品で作られているものを指す。これらのモジュール・部品の多くは、その製品のために特別に設計されている。こうした相互依存関係が存在するため、技術者たちは、自分の担当するモジュールが他のモジュールと調和するような設計を行わなければならない。各モジュール間のインターフェイスは、製品に特有なものとなる傾向にある。ここでは、「組合せ（寄せ集め）」戦略はあまり機能しないため、製品の多品種化や頻繁なモデル・チェンジはモジュラー・アーキテクチャの製品の場合と比較してコスト高となる。しかし、標準的なインターフェイスが製品設計の制約要因となることがないため、デザインの最適化は容易である。

オープン・アーキテクチャ——オープン・アーキテクチャの製品とは、基本的には「モジュラー製品」であるが、さらにモジュール間のインターフェイスが企業を超えて標準化されている場合を指す。従って、企業間での「組合せ（寄せ集め）」が可能となる。

クローズド・アーキテクチャ——クローズド・アーキテクチャの製品とは、各構成要素の基本設計やそれらの間のインターフェイスがある特定の企業に固有であるものを指す。

完全なモジュラー製品、完全なインテグラル製品というのは存在しないにせよ、こうしたアーキテクチャ概念を用いて、様々な産業を次のように分類することが可能となる。

（1）クローズド・インテグラル型——自動車（とくに乗用車）、オートバイ、一部のポータブル型家電、特殊鋼。

（2）クローズド・モジュラー型——メインフレーム・コンピュータ（例えばIBM360）、工作機械、組合せおもちゃの「レゴ」など。

(3) オープン・モジュラー型──インターネット商品、自転車、デスクトップ型パソコン〔このほかパソコンのオペレーティング・ソフト〕など。

上記の分類を用いて、二〇世紀後半における諸産業を観察すると以下の傾向を見出すことができる。

(1) 二〇世紀後半における日本企業は、一般に、クローズド・インテグラル型アーキテクチャの特質をもつ製品分野に競争力を持つ傾向があった。企業内ないしは企業間の統合や情報伝達に関する日本企業の組織能力は、このクローズド・インテグラル型アーキテクチャの製品分野に適合していたのである。

(2) 他方、アメリカ企業の場合は、オープン・モジュラー型アーキテクチャの製品に競争力を持つ傾向があった。テーラー主義やフォーディズム、あるいは一九世紀の製造業におけるアメリカ的なシステムに始まる専門化と体系化の組織能力は、この製品分野によく適合した。

前述のように、この分類はあくまでも概括的なものに過ぎない。例えば、ヨーロッパ企業も含めて考えた場合、日米間のような単純な二分法は成立しなくなり、比較分析も複雑になる。

こうしたアーキテクチャと競争のフレームワークを実際の産業部門に当てはめて考える場合、三つの異なるパターンを識別することができる。自動車産業に代表される第一のタイプ、コンピュータ産業に代表される第二のタイプ、そして銀行業に代表される第三のタイプである。それらは、現実の状況に適応するためのそれぞれ異なる戦略を必要とする。

クローズド・インテグラル型の製品——従来の強みを維持しつつ、バランスを回復させる戦略

第一のタイプは、相対的に安定的なクローズド・インテグラル型アーキテクチャの特質をもつ製品に代表される製造業部門である。この部門では、オープンな国際競争が過去数十年間にわたって行われており、将来においてもまたそれが続くと予想される。自動車、オートバイ、そしていくつかの小型家電製品（携帯電話やモバイル・コンピュータを含む）がこのタイプに含まれる。

二〇世紀の最後の四半世紀を通じて、多くの日本企業は、このタイプの分野に比較優位を見いだしてきた。絶え間なく続いた貿易摩擦にもかかわらず、国際市場は概して開放的であり、日本企業の競争力を鍛え上げた。トヨタ生産方式——ジャストインタイム・システム——は、そうしたインテグラル製品の典型的な成功例である［Womack et al., 1990; Fujimoto, 1999］。このタイプの産業における成功の基本的な諸原理は、ジャストインタイム・システムなどの原理であり、それらは基本的には変わらない。そして、日本の大企業は、製品の品質や生産性の面からみると、製造パフォーマンスにおける優位を保ち続けている。

一九九〇年代において、欧米の自動車メーカーは、日本の自動車メーカーからの遅れを大幅に取り戻したものの、日本の自動車メーカーは、組立工程の生産性や製品の品質、製品開発のリードタイム

などの面で、欧米の自動車メーカーと比較すると概して良好な成績を示したといえる [Fujimoto, 2000]。

日本の自動車産業においては、適応戦略の鍵は、主なシステム要素間の「バランス」をつかむことにある。急速かつ持続的な成長の時代（一九五〇―一九九〇年）から国内市場飽和〔あるいは、国内生産の変動〕の時代へと移る一方、日本の諸産業は若年層の就労人口減少という問題にも直面している。〔ポスト成長時代の〕日本企業は、顧客、従業員、そして投資家など様々なステークホルダーの満足を得ることを考慮に入れなければならない。また他方では、製品コストを低減するため、ジャストインタイムの生産システムと「無駄の多い」製品設計との間のバランス――九〇年代における弱点となっていた――を回復しなければならない。

日本の自動車メーカーは、一九九〇年代においても、概してスムースに、こうした環境変化に適応してきた。しかし、いくつかの企業は深刻な失敗を犯し、財務上の危機に直面した（第7章参照）。フォードとマツダの提携、日産とルノーの提携は、欧米の自動車メーカーが持つ戦略構築の能力《コンピタンス》を迅速に導入しようとする試みであったと解釈することができる。日産とマツダでは、実際に、外国人経営者を受け入れている。

日本の自動車産業にとっての挑戦は、先ほど述べた基軸に沿って、一九八〇年代における成長を前提としたシステムから、よりバランスの取れたシステムへとシフトしたのである。

オープン・モジュラー型の製品――アメリカの企業組織から着想を得る

国際競争の面では、一般にオープンである電機製品製造部門が、このシステムの典型である。自動車産業に典型的であったクローズド・インテグラル型の製品アーキテクチャとは対照的に、この製品アーキテクチャはクローズドなものからオープンなものに大きく変化した。これまでの統合能力の大部分は、こうしたオープン・アーキテクチャ製品の新たな競争に対しては適合していない。最も特徴的な事例は、コンピュータのソフトウェア分野やハードウェア分野である。メインフレームからパーソナル・コンピュータへの移行に伴い、アーキテクチャのドラスティックな転換を経験したのである。

このタイプの企業にとっては、〔組織能力の〕再調整(réalignement)が適応の鍵となる。ゲームのルールは変化したのであるから、今後、この部門の企業は、新製品のオープン・モジュラー型アーキテクチャに対応して、組織能力を再調整する必要がある。この部門の企業内の各部門は、オープンなインターフェイスを確立しなければならない。そのためには、一見無関係な他産業から能力ある人材をもっと採用しなければならないかもしれない。別の言い方をすれば、製品がよりオープンでモジュラーになると、企業組織それ自体もオープンでモジュラーになる傾向があるのである。

以上のような理由から、アメリカ企業は、概してモジュラー型の組織戦略をとり、モジュール間のインターフェイスの標準化に成功した。逆に、日本企業は、雇用の安定や企業組織内部での競争力の構築を強調し、オープン・モジュラー型の環境には極めて緩慢にしか適応していない。それゆえ、日本企業は、この分野ではアメリカやヨーロッパの能力《コンピタンス》から多くのことを学ぶことができる。言いかえれば、このタイプの企業が健全性を保つためには、ある程度の「アメリカナイゼーション」は不可欠であると思われる。

銀行業、商業、運輸業――根本的な再構築の差し迫った必要性

ここでは、日本の政策当局や慣行によって強力に保護され、規制されてきた国内のサービス産業がとくに問題となる。こうした規制があると、企業はイノベーションを行うインセンティブを持たない。競争上の努力は、統制の外にある局面のみに――例えば、日本企業が国際的なレベルで評判を獲得した対顧客サービスの質などに――集中する。

しかしながら、規制緩和やITが、この第三のタイプの諸産業を、金融サービス部門における「ビッグ・バン」のようなオープンな競争の方向へ、そしてオープンなアーキテクチャの方向へと同時に向かわせた。例えば、デリバティブのような新たな金融商品が、典型的なオープン・アーキテクチャ製品である。それゆえ、この部門にいた多くの企業が、深刻な困難に直面した。この新たな環境に適応するために、それらの企業は競争に立ち向かう組織能力についての根本的な再構築を迫られている。銀行業、建設業、小売業、運輸業、そして電気通信事業もいくばくかはこの第三のタイプに属する。

競争の基本原理や企業組織の慣習、そして産業構造は、今後大きく変わらざるを得ないであろう。

実態に即した分析の必要性

むろん、この三つのタイプの事例のみから、日本の産業における危機の原因や対応策としてとってきた戦略の妥当性について、過度な一般化を行うべきではない。しかしながら、日本企業の適応戦略に関する実態に即したアプローチは、製品や産業部門における三つのタイプを混同してしまうことや、それによって競争環境の変化に対して過剰反応することに比べれば、明らかにベターであると思われる。

一九九〇年当時、日本の経営者たちは、次のように声高に主張していた。「我々は、欧米企業から学ぶことはもはやなくなった」、と。二〇〇〇年には、そのトーンは変わった。「我々は、あらゆる競争力を失った。だから、あらゆる面でグローバル・スタンダードに従わざるをえない」。いずれのケースにおいても、同一の間違い――過度な単純化――が存在する。一九九〇年には、多くの専門家やアナリストたちが、日本のあらゆる産業を第一のタイプ〔例えば自動車〕に分類する傾向にあり、「日本のあらゆる産業がトヨタと同じくらい効率的である！」と考えていた。二〇〇〇年には、日本のあらゆる産業を第三のタイプ〔例えば銀行〕であるかのようにみなし、「日本のあらゆる産業は銀行と同じくらい危険である！」と表明している。

新しいミレニアムのスタートに際して、具体的なデータに基づいた合理的な分析、そしてアーキテクチャや各々の部門における固有の競争ロジックについての深い理解が求められている。実態に即した分析が必要とされているのである。

（注） 原文は英文（仏訳はエミリ・スイリ）。

＊1 仏語版タイトルは、La diversité de l'organisation des firmes : une analyse（企業組織の多様性——一つの分析）、原文（英文）タイトルは Diagnosis and Prescriptions for the Future Japanese Industries: Why Product Architectures Matter ? である。本文の内容に照らし合わせ、かつ著者藤本隆宏氏の意向に従って、邦訳タイトルを決定した。

11 なぜ制度の多様性は進化しながらも存続するのか(1)

青木昌彦
スタンフォード大学教授、独立行政法人経済産業研究所所長

グローバル市場を通じた国民経済の統合の進展に直面して、政治経済学の理論家や他の論者たちの中には、比較分析は妥当性を失いつつあると主張する者もいる。たとえば、スーザン・ストレンジは、技術進歩の加速により国境という狭い境界を超えて活動を展開することが企業にとってより効率的となったこと、その結果、国民間というよりはむしろ(寡占)部門間での組織的相違がより大きなものになっていると論じた後で、彼女の最近の著作において次のような主張を展開している。すなわち、「た

いていの比較論者が採用するアプローチは各国の諸制度や諸政策が果たす役割を過度に強調していると思われるが、そのように思う補足的な理由としては、次の三つがあげられる。第一は、自国の国民経済を統御する能力という点で、国家というものが概して衰退していること。……第二は、資本主義のトランスナショナル〔超国籍的〕な調整が進展していることである。国民的調整（régulation nationale）がトランスナショナルな調整（régulation tansnationale）に取って代わられ、国家間の相違は次第に消滅しつつある。そして第三は、企業の脱国籍化（dénationalisation）と言い得るようなこと、つまり企業が本拠地を置く場所と世界経済の中での実際の活動場所とが同一ではなくなっていることである」[Strange, 1996, p. 188]。

分析の枠組み

トランスナショナルな調整と国民的調整との対抗を超えて

この見解――ここでは、便宜上「トランスナショナル」な見解と呼ぶ――は、現在現われつつある諸現象のある側面を考慮に入れてはいるものの、まだ一面的であるように思われる。というのも、この見解においては、各国別の諸制度が後退するとともに、世界経済が国際的な統合市場やトランスナショナルな企業によって支配された単調で画一的な状態へ向かっていると考えられているからである。この論稿で採用するアプローチとその含意は、「各国比較論者」（comparatistes nationaux）やあるいは「トランスナショナリスト」(transnationalistes) が追求するものとは異なっている。それでは、主な違いは何であるか。

まず、この論稿で採用する分析の単位が、経済主体の集合とかれらの行動選択集合によって記述される (取引) ドメイン〔領域〕であることに注意されたい。このドメインの特性は、経済主体の選択の各プロファイルにそれぞれ一つの帰結を割り当てるようなルール——帰結関数——によって、ゲームの「外生的」ルール——ないしはメカニズム——を構成している。そして、制度なるものはこのゲームにおいて存在しうる多数の均衡の一つを要約表現したものとして識別され、各経済主体によって共有された予想として定義・保持されているものである。こうして、異なる諸ドメインの中に現れるさまざまな制度を識別することができるのである。ドメインは——比較論者がそうするように——国民経済と同じであると見なすことも可能であるが、同時に——トランスナショナリストがそうするように——国より下位の (infranational) 経済ないしは超国民的 (supranational) な経済と同じであると見なすことも可能である。例えば、組織的アーキテクチャの慣習は、伝統的なアメリカ企業、日本企業あるいはドイツ企業のケースのように、国民規模の組織フィールドにおいて進化しうるのと同様に、一国より下位のレベル——イタリアの産業集積やシリコンバレー——や超国民的なレベル——グローバル企業のケース——においても進化しうるのである。

さらに、なぜ異なる組織慣習が実際に進化を遂げ、同じ技術的特徴を持つ諸ドメインにおいて、複数均衡の形で理論的にも存続可能であるのかを理解する必要がある。これが目指すべき比較分析の方向である。各国の諸制度の比較は重要かつ妥当な研究であることは認めなければならないが、比較分析はそれのみに留まるべきではない。また他方、グローバル企業に体現されるように組織フィールドの中には単一の均衡しか存在しないであろう、とする明確な根拠はない。仮に国民的な空間から切り離された同質的な企業が特定の市場において支配的に見えるとしても、他の市場においては地方・国・地域などを起源とする組織的アーキテクチャが「経路依存性」に従って進化する可能性もある。そして、それらのダイナミックな相互作用は、世界経済の将来の軌跡を理解する上で、重要な含意を持つであろう。

制度補完性

また、諸制度は、分析レベルに応じて補完的にも代替的にもなることに注意されたい。外生的なゲームのルールによって完全に特徴づけられるドメイン、すなわち諸制度は度外視され、技術的観点によって完全に決定されるようなドメインから、分析を開始することはできない。どのようなドメインにおいても所与とされるゲームのルールは、人為的に作られたメカニズム（ルール）によって、多かれ少なかれすでに特徴づけられている。このようなわけで、取引の中には、ある時代のある場所における商業的ドメインに存在するだけではなく、それとは異なる時代の異なる場所の組織的ドメインにも存在しうるものがある。同様に、歴史的経路に応じて政治的ドメインあるいは商業的ドメインに存在しうる取引もある。こうしたパースペクティブにおいて、トランスナショナリストの分析を次のように解

表　制度的連関にかんするいくつかのモデル

ドメイン＼モデル	伝統的なアメリカ（AT）	ドイツ（D）	日本（J）	シリコンバレー（SV）	グローバル（G）
組織的アーキテクチャの型	機能的ヒエラルキー	参加型ヒエラルキー	水平的ヒエラルキー	「カプセル化された」多様性	ネットワーク統合型機能的ヒエラルキー
企業統治	経営者によるコントロール	共同決定	状態依存型ガバナンス	トーナメント組織	市場によるコントロール
金融制度	証券化（企業をコントロールする市場）	コミットした株主	メインバンク・システム	ベンチャー・キャピタルによる段階的ファイナンス、のち株式の新規公開（IPO）	企業証券のグローバルな市場
労働・雇用制度	雇用官僚制、職務コントロール型組合主義	コーポラティズム的規制	企業レベルでの人事管理	ベンチャー・ビジネスの短いライフサイクルに起因する高いモビリティ	国境を超えた競争
生産物市場／産業組織	寡占的競争	強力な同業団体	業界団体	集積効果、規格決定の共同組織	戦略的提携、eコマース
サプライヤーとの関係	垂直統合	独立したサプライヤー	系列の中にあるサプライヤー	ファブレス企業	b2b（企業間）eコマース
財産権の特質とその適用例	裁判による解釈	団体による規制	絶えざる再交渉	交渉や契約における法律家の役割	製品としての契約
社会的同化／規範／価値	さまざまな共同体	産業市民権	社会的地位の階層化	専門家の共同体、経営者のトーナメント	さまざまな非政府組織（NGO）
国　家	代議制民主主義	社会契約的コーポラティズム	官僚制多元主義	企業家に好意的	さまざまなレベルでの国家組織

釈することが可能となる。すなわち、トランスナショナリストたちは、政治的なものであろうと組織的なものであろうと、あるいは社会的交換や商業的交換に関するものであろうと、一国的なメカニズムは次第にトランスナショナルなメカニズムによって侵食され、代替されつつあること、そして今後もその傾向は続き、支配的な諸制度はトランスナショナルな性質を持つものになるであろうと推測しているのである。

しかしながら、市場のグローバル化のインパクトが疑う余地なく重大であるにせよ、そのような単線的発展の展望を容認するにはまだ議論の余地があろう。それには少なくとも二つの理由がある。一つには、ＩＴの発展にもかかわらず、あるいはむしろＩＴの発展それ自体が原因となって、暗黙知が経済的な重要性を持つからである。各々のタイプの知がそれぞれ固有の価値を持つがゆえに、自然地理、文化遺産、コミュニケーションといった意味でのローカルな諸制度も、トランスナショナルな制度と並行して進化し続けるのである。もう一つには、制度配置 (arrangements institutionnels) がシステム的な性質をもつからである。ここでは、ドメイン横断的に、共時的かつ通時的な観点から、諸制度の間に相互依存やその他の関係が存在し得ることを強調しなければならない。こうした相互依存は、国民国家とともに進化してきた可能性がある。そのことは、国民経済の全体的な制度配置の進化経路が国民国家の諸政策や組織設計によって指図されたということを意味しない。むしろ国家は、諸制度――国際通商制度を含む――を伴う政治的なゲームの均衡として理解される。逆に、国家以外の諸制度は、国家を環境として、それと均衡するような形で進化する。別の言い方をすれば、国家とその他の諸制度とは共同決定的な関係にある。国際貿易のドメイン（グローバル市場）は国民国家にとっての重要な環境の一つであり、国民国家は市場のグローバル化やトランスナショナルな企業のもたらすインパクトに適応することを強いられている。しかしそのことは、各国の諸ドメインの間に存在する差異が全くなくなり、世界経済が単一でトランスナショナルな制度配置によって運営されることを意味しない。トランスナショナルなレベルでの諸制度や国民的なレベルでの諸制度、あるいはその他のレベルでの諸制度がどのように相互作用し、ともに進化していくのかを理解する必要がある。このプロセスにおいて、トランスナショナルあるいはリージョナルな諸制度——例えば、グローバル市場、サイバースペースにおける財産権の尊重、グローバルな金融市場の統治《ガバナンス》、ＥＵのような超国民的な連邦主義——と一国レベルないしは一国より下位のレベルの諸制度とは、単に代替的であるというよりはむしろ非常に相互補完的でありうるのである。

以上のように、本稿では、経済のドメインにおける——現在および過去の——諸制度の役割を理解するための概念的・分析的な枠組みを構築することが主要な目的となる。諸制度は、共有された予想の自己維持的システム*と定義される。それらがどのようにして一貫性をもった全体的な配置を形成するのか、あるいは形成しえないのかを検証しなければならない。ここで強調したいことは、戦略的補完性の下での複数均衡〔経済学でいう一般均衡体系が複数の均衡点を持つこと〕が前提とされるような安定的な制度配置というのは、多様であるということである。次節では、二一七頁の表に要約されるように、諸制度の全体的な配置に関する現代のさまざまなモデルが示される。その中には、国民的レベルで特徴づけられるものも、そうでないものもある。最後の節では、市場のグローバルな統合によって生じうるインパクト、トランスナショナルな企業の優位、ＩＴの発展に焦点をあて、続いて金融、政策、社会的規範の諸ドメインで発生している諸変化について検討する。

制度配置――いくつかの定型化されたモデル

組織フィールド、企業統治《コーポレート・ガバナンス》、金融取引、労働、中間生産物および最終生産物の供給、財産権の規定や契約の実施、社会的交換、そして政治といった諸ドメインの内部で、あるいはそうした諸ドメインを横断する形で発生し、相互依存関係にある諸制度を基に、複数のモデルを構築することができる。

伝統的アメリカ・モデル

ここでは、ＩＴ革命以前のアメリカ経済で支配的であった寡占企業とそれらが存在する制度的環境の典型的な諸特徴に根拠を置くモデルが問題となる。これを伝統的アメリカ・モデル（ＡＴ）と呼ぼう。これらの企業は、〔株式を公開または上場する〕民間会社（public corporation）の法的な伝統に従って組織され、取締役会にかなり自律的な内部統制の権限を与えていた。こうした企業では、さまざまなレベルで経営者と従業員の行動のコーディネーションを行うために、複雑に入り組んだ機能的ヒエラルキーが確立されていた。そこでは、ヒエラルキー内の各ノード〔結節点〕の情報処理上の役割〔職務記述書〕

は明確に規定され、範囲が限定されていた。また、ある職位にいる者との雇用契約は、職務内容——必要な能力や経験、責任、リスク等——に従って予め決められていた。こうした慣行は、人的資源の官僚的な管理——「雇用官僚制」[Jacoby, 1985]——や職務コントロール型組合主義に基づく管理を通じて、制度化されていた。契約当事者のいずれの側からも、契約上の合意を超えた義務は期待されていなかった。労働者階級の集団的利益は、部分的には二大政党による代議制民主主義国家の枠組みの中で、民主党によって代表されていた。

従業員に対する契約上の支払いを終えた後の残余収益は、企業の側に帰属していた。従業員や他の生産要素に対する支払いが、内部市場と外部市場での競争を通じた限界生産物への各々の貢献分を反映しているとするならば、利潤最大化は理論的には内部効率と両立しうる。伝統的な考え方に従えば、株主が経営政策を評価する場合および／あるいは企業経営者の選出を行う場合など、取締役会は、株主の利益を代表するものと見なされていた。企業（および企業の支配権）を評価するための競争的な市場が存在することによって、理論的には、取締役会による実効ある外部規律が保証される [Manne, 1965]。このように理論的なレベルでは、競争的な労働市場や株式市場における内部と外部の共存は、機能的ヒエラルキーを内部化している企業の効率性と相互補完的である。

一九七〇年代まで、象徴的なアメリカ企業は、価格を硬直化させうるような寡占的な支配力を持っていたため、生産物市場において競争上の強い圧力を受けることなしに操業する傾向にあった。市場におけるこうした地位ゆえに、これらの企業は、実際に組織的アーキテクチャの中に隠れつつも増大していた硬直性に起因する、ある程度の内部非効率を許容することができたのである。こうした硬直性は、とくに経営上のコーディネーションのラインが次第に長くなっていくことに表れていた。さらに、労働の統制に関して確立された組合主義〔職務コントロール型組合主義〕は、元来は職長によるヒエラルキー的統制における恣意性、縁故主義、情実を制限するために発展したものではあるが、技術や市場の環境変化に適応したフレキシブルな職務割当てを阻害し始めるようになった。この観察事実は、生産物市場における競争が企業統治の市場と補完的であることを示唆している。より正確に言えば、コーポレート・コントロール〔企業支配〕の市場が内部経営に及ぼす規律の効果は、生産物市場における競争の度合いが減少〔増大〕するにつれて弱まる〔強まる〕であろう。

ドイツ・モデル

このモデルは、ＩＴ革命および東西ドイツ統合以前のドイツ経済に関する諸特徴から導出されたものである。以下、Ｄと略記する。このモデルにおける支配的な組織慣習は、社会契約に基礎を置き、コーポラティズムと性格づけられる国家の枠組みにおいて、労働者が内部ヒエラルキーに参加する手段となる労使協議会によって特徴づけられる。労働組合や同業団体が労使関係のドメインにおいてかれら独自の組織様式や経営様式を発展させる可能性は、国家により与えられている [Streeck, 1997]。かれらの交渉成果は、法に基づき組合員以外にも拡大して適用されうる。社会的連帯や「産業市民権」[Marshall, 1964] ――それらは政治的権利や市民権とは区別される労働者の諸権利として社会的に認知されている――といった社会規範と結合して、このシステムは結果として、個人間、産業部門間、そして中小企業・大企業間の賃金格差を著しく小さくしている。

企業統治のレベルでは、規約により定められた共同決定方式によって、対等化の構造が確保されている。多くのドイツ企業はいまだに個人企業の形態であるか、あるいは――ないし、加えて――少数のユニバーサル・バンクと結びついている。これは、銀行が企業の株主であるとともに、個人株主のポートフォリオや債務契約を管理し、監査役会に代表者を送りこんでいるという事実によって可能となっている[Baum,1994]。社会契約的コーポラティズムと共同決定の間には制度補完性が存在する[Hellwig, 1998]。こうした制度補完性が成立するためには、閉鎖的所有であれ、ユニバーサル・バンクのような任命された株主が多数の議決権を持つことであれ、何らかの方法を通じて、株式所有構造が相対的に安定し、監査役会（Aufsichtsrat）が金融市場からの圧力を強く受け過ぎないことが不可欠であるように思われる。ただし、D企業とユニバーサル・バンクが次第に市場での資金調達や取引に依存するようになったため、このレベルにおいて根本的な変化が生じていると推論する者もいる［例えば、Edwards and Fischer, 1994］。しかし、こうした主張は慎重に提唱する必要がある。ドイツのユニバーサル・バンクが、新たに現れつつある市場環境においても、投資銀行の形態でD企業との金融関係を継続する上で有利な地位にあることは間違いないのである。

一九九〇年代半ばまでの日本の普通銀行とは対照的に、ドイツのユニバーサル・バンクは、市場依存型金融に関する専門技術を発展させることを規制により妨げられていたわけではなかった。このことはドイツ企業にとって好都合であったといえよう [Jackson, 1997]。また、企業金融のための証券市場の発展と、コーポレート・コントロールの市場の発展とはイコールではない。前者は必ずしも後者と一緒には進まない。アメリカではビジネス・スクール出身の経営者たちが企業資産市場の再構築の中で次第に積極的な活動を展開しているが、コーポレート・コントロールの市場がドイツ企業の企業統治における制度的な環境として現れる兆候はない。しかしながら、有価証券売却益に対する課税の緩和に関連した近年の規制の変化は、銀行がドイツ企業に経営参加する度合いを弱めようとする動機となるであろう。何よりも、年金基金が今後増大するにつれて、株主間での譲渡の可能性が大きくなることが予想されるので、ドイツ・モデルの首尾一貫性にも影響が生じるであろう。

日本モデル

これは、一九六〇年代から一九九〇年代初頭の日本経済（J）に関する定型化された事実から導出されたモデルである。このモデルでは、組織ドメインやさまざまな経済的取引ドメイン、さらに経済政策ドメインは、社会的交換のネットワークに統合されていた。こうした社会的交換を通して、能力、成果、評判、集合財への貢献等に見合った無形の象徴的な社会的資本――例えば、名声、評判、社会的承認――が状況に応じてメンバー――組織および個人――の間に段階的に配分されていたのである。社会的統合の密度の濃さは、コーポラティズム的社会契約のインパクトの下でのDモデルの枠組みと同様に、所得格差の小ささを維持することに役立っていた。もっとも、関係するパートナー――例えば、財務的に困難に陥った企業とそのメインバンク、あるいは衰退産業とその所管官庁――の間での事後的な再交渉という形態のセーフティネットも、しばしば用意されていた。つまりここでは、破産して救済を受ける当事者が社会的資本を失うのと引き換えに、財産権の再定義が行われるのである。このような再交渉の可能性は、適度に安定的な環境下では社会的安定や制度の一貫性を保つことに貢献しえたものの、それらと関わるリスクがシステミック〔システム全体に及ぶ〕である場合にはモラルハザード問題を引き起こす可能性もあった。金融市場のグローバル化とＩＴの発展は、一つの危機をもたらしたのであるが、それは一九九〇年代後半の日本に見られる通りである。また、そうした危機はさまざまなドメイン間の制度補完性や結合関係のネットワークを介して出現している。こうした事態に対応して、このモデルに該当する制度的枠組みは重大な変化を経験し始めたのである。

シリコンバレー・モデル――ＩＴ主導型の新モデル

このモデルは、シリコンバレー（ＳＶ）についての定型化された観察事実から導出される。シリコンバレーについての魅惑的なストーリーは、少数の大胆不敵なベンチャー・キャピタリストと少数の企業家が出会い始めた場所で始まった。ベンチャー・キャピタリストは、金融取引ドメインにおいて新しい戦略――ベンチャー・キャピタルによる資金調達戦略――を試みた。それは、段階的で関係的《リレーショナル》なファイナンスとして特徴づけられる。同様に企業家の方では、組織ドメインにおける新たな戦略――「情報のカプセル化」戦略――を試みた。それは、伝統的な企業ヒエラルキーの文脈の外部での、モジュール化され独立した開発計画として特徴づけられる。双方の戦略は潜在的には補完的である。しかし、それらが共に進化していくためには、能力《コンピタンス》のほかにも制度的な観点からの適切な諸政策やその他のパラメーターによって支えられることが必要である。シリコンバレーのストーリーに関する近年の研究 [Florida and Kenny, 1988; Lee, Miller, Hancok, and Rowen eds., 2000] は、少なくとも以下の三つの構成要素の相互補完性を示唆している。

・開放的で知的なコミュニケーション文化を持ち、リスクを引き受けるエンジニアや広範な専門知識を持つ専門家を輩出しうる研究拠点大学あるいはその他の教育機関が近隣に存在していること。
・部分的には防衛産業からも継承されている、設備産業における能力《コンピタンス》の存在。これは、カスタム化された試作品の迅速な製造を可能にした。
・年金基金のポートフォリオ構成に関する規制緩和――これによりベンチャー・キャピタル投資基金への投資が可能となった――、法人課税の軽減、さらには資格を持った外国人技術者の移民自由化など、国家の政策 [Saxenian, 1999]。

これらのファクターの全てが、ひとたび同じ場所に集められ機能するようになると、右の実験的な諸戦略は次第に実現可能性の高いものとなった。ベンチャー・キャピタリストと企業家の戦略の間に本来的に存在する相互補完性とあいまって、ノウハウの獲得は、外部から必要な諸資源を引きつける一つのダイナミクスをもたらした。双方の戦略は相互に補強し合い、一つの均衡に達した。そしてローカルなレベルで、一つの全体的な制度配置を形成した。そのインパクトは、地域やハイテク産業といった仕切りを超えて拡がったのである。

企業家の発明行為のさなかに生み出される情報はすでに、潜在的には他の企業家にも価値を持つ。しかし同時に、その経済的な価値は、急速な技術変革の時代においては急速に減価する可能性がある。後者の点について言えば、処理された情報を特許取得商品に転換できない限り、知的財産権の確定や実施に関する法律一点張りのアプローチは困難でコストのかかるものとなる。実際、被雇用者は自分が離職した企業と競争する権利を持たないという協定は、一九世紀に定められた義務にもとづき、カリフォルニア州では法的には適用不可能となった [Gilson, 1999]。こうした条件下で、例えばベンチャー・キャピタリストと企業家の間の契約作成に法律家が一定の役割を果たすにせよ、知的財産権は幾分曖昧なものとなる [Suchman, 2000; Johnson, 2000]。その結果、物的資産に対する財産権を根拠とする企業の境界も不鮮明なものとなる。

そのため、企業家たちは、相互利益が発生し、製品やインターフェイスのパフォーマンスの特定化が出来るがゆえに専有不可能な情報については伝達し合う一方で、ストック・オプション制度やその他の特典によって従業員を引き留め、発明行為を互いに保護することを余儀なくされている。出身校や仕事上の関係、民族的特質によって長期的に形成されるそれぞれ異なった専門家集団の中にアクターが組み込まれることによって、この二面性を有する戦略が促進される。こうした専門家集団は、専門的な知識やアイデアの交換を迅速かつ濃密に行うことを容易にしている。これらのコミュニケーションはしばしば媒介者なしで行われ、最も有能で成功を収めた者に対して、金銭的報酬のみならず、高い社会的評価や偶像的地位を与える。同時に、これらのコミュニケーションによって、メンバー間のフレキシブルな結合や再結合が容易になり、新たなベンチャー企業が形成されることにもつながる。

第二の新たなモデル――グローバル・モデル

このモデルは、グローバル企業――典型的にはアメリカに起源をもつが、必ずしもそれだけではない――で生じつつある諸慣行についての、またIT時代におけるそれらの制度的環境についての定型化された観察事実から生まれたモデルである。以下、Gと表記する。IT導入以前の時代におけるアメリカ企業（ATモデル）は、一九六〇年代の黄金時代の後、D企業やJ企業との競争にさらされ始めた。そのことは、寡占利潤を維持することが次第に困難となったことに現れている。これらの寡占企業の相対的な衰退は、旧来の企業形態の下で伝統的に統合されていた事業活動の分離をもたらした。その結果、シリコンバレーのようなより緩やかな再構成がアメリカの産業組織の周辺部に出現し、AT企業の革新能力をその領土内部からも同様に脅かし始めた。このためAT企業は、存続のためのリストラクチャリングを余儀なくされたのである。

二つの重要なパラメーターがこの変化を促進した。一つはITの急激な発展であり、もう一つは金融市場の効率的な機能をもたらした能力《コンピタンス》の蓄積である。ITの発展によって、競争力あるいくつかの大企業は、ヒエラルキーの階層を増やすことなく、その活動をグローバルに展開できるようになった。

これらの組織的アーキテクチャは、ネットワークに統合された機能的ヒエラルキーとして特徴づけられよう。ITに基礎を置く情報ネットワークのおかげで、これらの企業は機能的ヒエラルキーを再組織化するとともに、その範囲を拡張した。他方、この同じITの発展は、人口構成の変化（平均寿命の伸び）と結びついた機関投資家（年金基金やミューチュアル・ファンド）の増大とあいまって、コード化されうる情報（例えば、企業の財務データ）によって機能している金融市場の競争力を増大させた。そして、これらの企業は、より透明性の高い情報のディスクロージャー（開示）と株式価値最大化の圧力を受けることとなった。これに対応して、これらの企業はリストラクチャリングを行うとともに、モジュール化された部品の競争的なアウトソーシングと標準化された財のインターネット調達（いわゆる「b2b」なる例の企業間eコマース）という手段を媒介として、株式価値最大化に重点を置くようになった。さらに、これらの企業は、川上側の成功企業を買収し、川上・川下の両方向で他企業と戦略的提携を結んだ。

これらの企業の活動におけるグローバル化の進展は、商取引のドメインや他のドメインに関しても興味深い問題を提起している。このタイプの企業は、国家が高い度合いで規制を課している経済を避けるようになるかもしれない。他方、伝統的な国際的規制のアーキテクチャは、世界的な規模での商業、コミュニケーション、輸送の未曾有の増大という事態を予め想定して作られたものではない。このような状況に直面して、グローバル企業は、契約を遵守させる技術的なメカニズム――例えば、暗号技術を用いること――によって、自社の財産権を保護しようとしている。国民国家の役割を後退させる代わりに、これらの企業は、さまざまな規準や倫理的規範、そして一定数の職業的価値観に従って、多様なコミュニティ——地理的に規定されたものだけでなく、ＮＧＯ（非政府組織）のように国境を超えたものも含まれる——の中に組み込まれ始めている。Ｇ企業は、それらの政治的・社会的な目的や動機が大きく異なるものであるにせよ、こうした組織やコミュニティによりもたらされる潜在的なインパクトを無視して市場で生き残ることは難しくなるであろう。

世界化《モンディアリザシオン》やＩＴはこれらのモデルの将来にどのような影響を与えるのか

現れつつある新たな組織

まず最初に、ＩＴの発展によって、トランスナショナルなあるいはグローバルな諸企業（Ｇ企業）が持続性を持つことは確かである。そうした企業の組織的アーキテクチャは、グローバルなレベルに拡張され、ネットワークに統合された機能的ヒエラルキーとして特徴づけられる。しかしながら、経済的観点から価値を持つ情報は、必ずしもリアルタイムでデジタル化できるとは限らない。経済的な価値をもつ情報のなかには、生産現場において暗黙的な形でのみ処理され、利用されるものもある。そして、ＩＴの発展のもう一つの側面として、小企業が例えばニッチ市場で独自の（モジュール化された）製品開発を行いうるような、カプセル化された情報処理に効率的に参加できるようになる点があげられる。こうしてＧ企業が標準化されたグローバル市場において支配的な存在となる一方で、小企業はシリコンバレーやイタリアの産業集積における企業間再編成に示されるように、ニッチ市場で活発な活動を展開することができるのである。

小企業ないしは大企業の中の事業所など、小規模な組織単位でのカプセル化された情報処理が持ちうる情報効率性は、それ自体、ある特定タイプの組織的アーキテクチャに優位性を与えるわけではない。さまざまなタイプの組織的アーキテクチャの情報効率性の比較は、ミクロ的技術、組織の歴史、現地市場で利用可能な人的資源のタイプ、そして社会的規範を含む周囲の制度配置といった諸要素に依存する。このため、他所で観察されるよりよい慣行についての組織学習が行われるとしても、組織的多様性は存続するであろう。

複数の小規模な（モジュール化された）組織単位が連結されて一つの有効なシステムを形成する場合、さまざまな新しい仲介組織やコンサルティング組織が現れるであろう。一例を挙げれば、シリコンバレーの企業間再編成に見られる「ベンチャー・キャピタリスト」がこれにあたる。構成する組織単位における操業上の意思決定には介入しないものの、それらの再配置に関しては積極的に行動する経営者や持株会社の役割は、こうしたパースペクティブにおいて解釈することが可能である。

金融および取引組織における諸変化

いくつかのタイプの暗黙知は、金融取引に関わる特定のドメインにおいて経済的価値を持つ。暗黙の了解に裏打ちされた産業利害によって統御されている関係的《リレーショナル》ファイナンス（縁故《クローニー》的ファイナンス）はモラルハザードのリスクが高く、また国民国家による金融抑制や参入規制はグローバルな金融市場という環境下では存続可能性を失いつつあるものの、コード化不可能な知に基づき、そこから経済的利益を引き出すことのできる関係的ファイナンスの価値を完全に無視することはできない。この関係的ファイナンスが、証券市場のグローバルな統合という環境においても存続可能であることを、理論的に証明することは可能である。しかし、その実現のためには、最初に国民国家が何らかの種類の保護――金融抑制、資本の参入制限、短期資本移動の統制――を行うことが必要となろう。

グローバルな投資家は、グローバル化した市場を通じて伝達される利用可能な情報に基づいて、効率的なポートフォリオ・セレクションとリスク・ヘッジを行うノウハウの点で優位にあるかもしれない。しかし、かれらは、最終的な借り手を直接モニターする能力を持ち合わせないとも考えられ、そうしたモニタリング機能を他のタイプの投資家たち――例えば、ベンチャー・キャピタリスト、新興市場における土着の銀行家――に委託することを余儀なくされる。国際的な投資家たちと新興国における土着の投資家たちとの間のインターフェイスが適切に設定されず、後者のモニタリング能力が信頼に足るものでなければ、投資家間において市場の不安定性が生じる可能性がある。しかし、新興市場における国際資本移動の管理ルールの目標としては、借り手の側にのみ情報の透明性、プルーデンス規制、契約遵守のコントロールを要請することにとどまるべきではない。通貨危機に陥った国々はＩＭＦのような国際機関によって救済されるであろうという期待は、貸し手の側のモラルハザード、機会主義的行動を野放しにする可能性がある。

サイバースペースを通じたｅコマースの進展によって、商業ドメインが国境を超えて結びつくと考えられる。しかし、どのような商業ドメインも、財産権の管理や契約の遵守に関する信頼できるメカニズムが存在しない限り機能しえない。もし、国民国家自身によって設定された財産権の定義やその適用規則に根拠のないことが露わになるならば、そうした機能における国民国家の役割は後退するであろう。資本主義発展の初期段階における市場の発展とともに、当時勃興しつつあった国民国家が契約を遵守させる能力を持つようになったのと同様に、ｅコマースの将来的な発展のためには、契約の遵守や保護に関する各国法の調和《ハーモナイゼーション》と国民国家間の協力、さらには知的財産権の悪用に対する規制が必要とされる。しかし、ｅコマースのドメインにおいてさえ、第三者による保証のメカニズムは、評判のメカニズム（例えば、オークションのウェブ・サイト）や技術《テクノロジー》に依拠したメカニズムなど、他のメカニズムによって置き換えられたり、あるいは補完されたりする必要があったし、現在でもそうした状況は続いている。このような第三者による保証のメカニズムのカテゴリーに入るのは、暗号技術の利用、製品契約、契約成立時に条件づけられるｅ商品の納入などである。

政治も変化する

まず始めに、一国全体としての政府規制の枠組みがグローバル化の傾向にある環境とは相容れないものとなり、日本の銀行危機のように制度危機の頂点に達するおそれがあることに注意されたい。こうした不一致は、政治的諸制度が自由主義的《リベラル》ではなく、特定の国内利益集団――例えば、社会契約的コーポラティズムの枠組みにおける全国的な労働組合組織、「官僚制多元主義」における同業団体——から構成される国民経済において、特に顕著に存在する。このような国家はそれ自身、次第にグローバル化が進む環境に適応せざるを得なくなるであろう。この適応は、場合によっては、国民国家と国内の他のアクター——有権者としての市民や利益団体など——との相互作用によって、部分的ではあっても推進される。この意味において、国民国家は、単なる抑制勢力でもなければ、市場のグローバル化に取って代わられるべきものでもない。あるいは、国際化の諸勢力のインパクトの下で退出を余儀なくされているわけでもない。実際には、国際化の補完物となりうるのである。同時に、国民国家の特性における差異は、各国の適応様式を説明するものであり続けるであろう。

他方、一国的規制と国際化する市場との間で高まりつつある緊張に対し、国民国家は、一国的な枠組を超えた超国民的な組織配置を形成することによって対応しようとするかもしれない。こうした動きは、密接に相互連関した取引ドメインをもつ国家間でより容易になるであろう。ＥＵ〔欧州連合〕のような、超国民的な連邦主義的配置の形成がその一例である。また、小規模な組織単位が特別な組織フィールドにおいて存続可能となるのと同様に、規制や社会保障、公共財の供給、環境保護などいくつかの国家機能は、国民経済全体よりも小規模なレベルの管轄圏内において、より効率的に遂行されるかもしれない。さらに、市場メカニズムを保持する連邦主義を介した国家の地方分権化は、インセンティブの観点からより満足のいくものとなりうる。というのも、ソフトな予算制約を採用しがちである政府本来の傾向を、地方分権化が制限することになるからである。このように、政治的な諸制度は、互いに排他的な「ウエストファーレン型」国民国家の集合体ではなく、むしろ多層的で入り組んだ構造——今日まで実現した例はないが——によって特徴づけられるようになる可能性が高い[Krasner, 1999]。

最後に、市場のグローバル化やITの発展は、政治ドメインにおける国際化の範囲を次第に適切なものにする。国連、IMF、WTO、国際司法裁判所などから構成される現在の国際統治のアーキテクチャの多くは、グローバル化やIT化以前の時代に設計されたものであり、国民国家をメンバーとしていた。このため、これらの機関が環境権の割当て、規制をめぐる紛争、特定の市場の運営や経済紛争、グローバル市場におけるインフラ整備、南北間の利害対立など、新たに登場しつつある国際間題を解決することができるかどうかを問い直してみる必要がある。あるいは、国際統治の新たなメカニズムが必要かどうか考えてみなければならない。それにしても、国民国家——ここでは南北間および東西間の〔集団的な〕予想のシステムとして理解される——の間の差異は存続する。それらの差異は、さまざまな政治的・社会的・道徳的立場を擁護する国際的なNGOが次第に重要性を高めていることとも結合し合っている。結果として、「グローバル」国家——グローバルに共有された予想のシステムとして定義される——が近い将来発生し、国民国家の枠組みを凌駕するようになるかどうかは疑わしい。

グローバル化のパラドックスの一つは、起源の点から見て多かれ少なかれローカルな属性を持つと考えられる規範が、グローバルな取引の中に組み込まれ（かつ、それを拘束し）ていることである。シリコンバレー・モデルの事実に示されるように、専門家のコミュニティや民族的なコミュニティの中で支配的な規範が、サイバースペースにおけるソフトウェア分野の技術発展やハイテク・センターの国際的連結に貢献しているなどの例がある。

サイバースペースにおいてコミュニケーションが迅速になり、物理的な移動も容易になることによって、さまざまな立場――例えば、自然保護、安全性、さまざまな人権――を掲げたＮＧＯのグローバル・ネットワークが形成されうる。その場合、トランスナショナルな企業や国際機関は、その活動や意思決定をこうしたネットワークから綿密に審査される。もっとも、これらＮＧＯが掲げる政治的・社会的目的や道徳的主張は多様であり、時折衝突することもある。

グローバルな制度配置の中で蘇る多様性

このように、グローバルな規模で進化しつつある全体的な制度配置は、トランスナショナルな企業やグローバル化した金融市場が、多様性を有する各国の諸制度やローカルな諸制度を支配し取り除くという、単調で画一的な状態を作り出す状況には全くなっていない。それはむしろ、一国レベル、超国民的なレベル、ないしは地方レベルなど、さまざまなドメインを起源とし、そこで進化するさまざまな制度が、競合的であれ補完的であれ、互いに相互作用を及ぼし合う複雑な構造として特徴づけられるべきである。市場の急速な国際化やＩＴの発展のゆえに、この構造は流動的である。同時に、あらゆる制度が常にそうであるように、慣性《イナーシャ》や抵抗といった要素も存在する。もしそうでなければ、世界経済は安定的ではなく、存続可能ですらないであろう。以上のことから、次のように予測できる。すなわち、各国の諸制度は国際的な環境やテクノロジーの変化に適応していくが、こうした適応は過去の経路に依存してなされるであろう、と。

かくして、制度配置に関して、二つの傾向が観察されるであろう。すなわち、一面では超国民的(supranational)な制度の持つ重要性が高まるが、他面では地域的《リージョナル》、一国的、そしてローカルな諸制度の多様性が進化する。しかし、世界経済をショックや不測の事態に対してより強固なものにし、環境変化に対して独創的な適応ができるようにするのは、そうした多様性にほかならないと考えられる。グローバルな制度配置に関して、誰も理想的なモデルをアプリオリに定義することはできない。それゆえ、相互学習、実験、偶然的事象、そして多様性それ自身に由来する諸要因を通じてこそ、環境変化に対応して創造的になることができるのである。

(注) 原文は英文(仏訳はセバスチャン・ルシュバリエ)。

(1) この論稿は、AOKI Masahiko, *Towards a Comparative Institutional Analysis*, MIT Press, 2001, Chapter15〔瀧澤弘和・谷口和弘訳『比較制度分析に向けて』NTT出版、二〇〇一年、第一五章〕に加筆修正したものである。

* 青木昌彦氏は、「制度」をゲームが繰り返しプレイされる仕方(ゲームのルール)の特徴にかんして「共有された予想の自己維持的システム」(self-sustaining system of shared beliefs)と定義する。その場合、ゲームのルールとは、外生的に条件づけられたものではなく、経済主体による戦略的相互作用を通じて内生的に創出され、かれらの心のなかに抱かれて自己拘束性をもつに至ったものと理解される。共有された予想とは、経済主

体の予想をコーディネートするゲームのある特定の「均衡の要約表現」である。それが暗黙的ないしは経済主体の心の外部に存在するシンボル的表現をもちつつ、経済主体たちによって自己維持的な形で共有される結果、制度の選択が行われる。[Aoki, 2001, pp. 10,185および邦訳書一四、二〇一頁]を参照。

結論　画期的変化を前にした国家の役割

モーリス・グルドー＝モンターニュ

駐日フランス大使

「ニュー・エコノミー」は、私的セクターにおいても、公的セクターにおいても、当局者たちの問いかけの中心にある。二〇〇〇年七月から一二月にかけて、フランスはＥＵ議長国を務めた。ポルトガルの議長国、そしてリスボン・サミットに続いてである。リスボン・サミットでは、ＥＵ参加国が情報革命や経済成長に力強く参加するとともに、成長の上に社会的連帯を築くことが再び宣言された。福岡で開催された蔵相会議、続いて沖縄で開催されたＧ８の政府首脳会議によって、ＩＴが各国の議事日程《アジェンダ》にのぼった。二〇〇一年上期にスウェーデンがＥＵ議長国を務めた時に、こうした方向性は拡充された。われわれが考察したり行動したりするうえで有益な趨勢は、どのようなものであろうか。

一九九〇年代の驚き

まず、われわれは、スコラ派の時代末期にたとえた者さえいる画期的変化の時代に生きているといえる。知的側面についていえば、その通りである。なぜなら、知識体系というものは本来、変化するものだからである。また、五〇〇年前のように、知のベクトルが今日激変していることからも、それは事実だといえる。しかしながら、われわれは、第一のルネサンスとは大いに趣を異にする第二のルネサンスの時代に突入している。なぜならば、今度のルネサンスは、何らの参照基準もなく行われ、すべてを発明することが求められているからである。今日われわれは、絶えざる驚きの中に生きている。そして、この一〇年間は大いに予想の裏をかくものであった。

一九八〇年代には日本が経済モデルであった、ということを想起してほしい。アメリカは、日本から導入した生産方式を採用するという条件を満たさなければ、不可逆的な衰退の道をたどるかのように思われた。工業先進国は、その重心をアジアに移したかのように見えた。そして日本は、世界的な規模での主要な金融仲介の中心の一つとなった。

ヨーロッパはと言えば、年老いた瀕死の大陸、広大な博物館のようなものであり、自らの歴史や過去の成功を反芻していた。ヨーロッパの失業問題は、より大きな競争力を与えるような諸改革の欠如を示していた。ヨーロッパ各国や国内社会の統一にとって、単一通貨構想というビジョンはリスクに満ちているように思われた。単一通貨構想を信じ、その方向で尽力した者は少数であった。二〇〇〇年初頭、評価はまったく別のものとなっている。これは、誰もが謙虚になり、慎重な分析を行うことを促しているといっていい。実際、われわれが見ているものは何なのか。

（1）アメリカ経済は、一九九一年から二〇〇〇年にかけて、第二次大戦末以降、アメリカ経済の中ではもっとも長い拡大局面を記録した。

（2）日本もまた、右とは逆の理由からであるが、その歴史上かつてなかった一〇年を経験した。それは一つの時代の終わりであり、手ごわい諸問題が政治・経済の責任者に投げかけられている。日本は、急速に変化しつつあり、日本の多くの責任者たちが前進する決意を明確化している。

（3）最後に、ねばり強い政治的意志の成果であるユーロの実施は、ヨーロッパに驚異的なダイナミクスを生み出し、投資、成長、雇用に有利な楽観主義《オプティミズム》の回復を刺激している。この文脈において、新しいITが動きを加速させ、ヨーロッパの遅れの一部は埋め合わされた。

この大変動から、どのような教訓が引き出せるか。自ずから次の三点が指摘できよう。

相互依存は収斂をもたらさない

おそらく第一の教訓は、国際化によって示唆されているのは、諸軌道や各国のパフォーマンスの収斂ではなく、相互依存の増大であるということである。国内空間――ないしは地域的空間――で形成された諸関係の繊細な錬金術は、金融グローバル化とともに消えはしなかった。ヨーロッパでは、経済的諸制度、単一通貨統合に向けて企てられた諸改革、そしてその結果としての、成長と失業の分野における諸成果での多様性が顕著である。しかし、こうした構図の多様性は、ユーロ推進の下での単一市場の深化にもかかわらず、弱まる気配はない。今日のキーワードは調和《ハーモナイゼーション》だと思われるが、これは収斂を指すものでも、画一化を指すものでもない。二〇〇二年には市民の手にユーロ通貨が流通する。これにより、市民がヨーロッパの規模を具体的に実感することができ、強い政治的インパクトが生じると思われる。あとは、より優れた競争力を獲得するために透明性を確保することが必要となろう。しかし、まだなすべきことは、ほかにも多く残っている。

画期的変化

確かに、集計された統計上に示されるのは遅れるものの、この大変動は、今からすでにすべての経済的・政治的アクターの日常的な実践に影響を与えている。ベンチャー企業の起業家たちと同様、大企業の幹部たちも、環境に対するすばやい反応、情報のデジタル利用、そしてイノベーションを重視した諸戦略を展開している。

とりわけインターネットに対する消費者やユーザーの期待は、世代の移り変わりとともに変化した。かれらの期待は利用の質の面で進化した。人口構成の高齢化は、――その帰結はなかなか測定可能ではないが――未来に対してずっしりと重みをかけている。この点では、ＩＴの潜在的可能性はいまだ低く見積もられている。

この挑戦に直面して、行政当局の諸政策はより実践的で、関係する諸アクターにより適合的なものになる傾向にある。それらの諸政策は、むしろ生産やイノベーションの諸条件に向けられており、情勢の調整——それが依然として重要であるにせよ——のみにとどまってはいない。また、諸政策の正当性は、政策当局者がこうした挑戦についてどの程度理解し、先取りするかということにもかかっている。

成功は公的なものと私的なものとの戦略シナジーの結果である

アメリカでの「ニュー・エコノミー」の成功の由来を研究しているアナリストたちの間では、活発な議論が起こっている。懐疑論者にとっては、宿命的に反転に向かうことになる景気サイクルを引き延ばしたのは、通貨政策の運営の質の高さである。逆に、他の論者は、競争を奨励し、成長に関する優れたポテンシャルを発揮させるような構造改革の規模に由来すると言う。さらに別の論者にとっては、ITがまったく新しい時代への突入を表わしている。これら以外の仮説も出されていた。

成長と完全雇用をもたらすのは、おそらくこうした諸変化の結合とそれらの同期化である。経済政策は、市場の調整を容易にし、諸企業間の能力《コンピタンス》や資本の展開を容易にするような、好適な環境を創出しようとする。そうした諸政策によって、企業はイノベーションに関するポテンシャルをもっともよく利用できるようになる。同時に、余裕のある財政状況によって、公益遵守の保証人である国家は、研究部門や基礎教育部門への公共投資や生涯学習に関するさまざまな支援策によって将来に備えることが可能となる。

いくつかの大きな賭け

現実に、こうした好循環、すなわち成長の循環を持続的に確立できるようなゲームのルールをいかに組織し、決定するのか。以下にいくつかの示唆を述べたい。

ＩＴにより開けた展望は、詳しく説明するまでもないほど、日常生活の多くの局面の中に十分にある。かつての「産業革命」の時のように、それまでにはなかった新たなリスクが出現する。それらのリスクが、もしないがしろにされるようであれば、社会組織の亀裂、ひいては多かれ少なかれ継続的な停滞がもたらされる可能性がある。国家は、こうした諸変化から導き出される社会的諸結果を決して見失ってはならない責を負っている。他方、対話によってこれらの諸結果を未然に防ぐのは企業の責務である。

企業は、マイナスの効果をも有する、新たな形態の競争に直面している。というのも、こうした競争は、新製品の急速な普及に貢献しうるのと同時に、半ば市場独占といってもよい状況を引き起こし、結果的にはイノベーションに足かせをはめることにもなりかねないからである。この点については、近年のアメリカの事例があろう。さらに、知的財産権の性格が曖昧であることは、新たな情報の時代を確立するうえで、大きな損害をもたらすリスクを示している。たとえ、「ニュー・エコノミー」の企業組織がまだ一つの明確で安定的な形態をもっていないにせよ、差し当たり、現状で大きく異なっている諸見解を摺り合わせ、皆から承認されるような基準を決めなければならない。G8の政府首脳によって提唱されたIT憲章は、こうした方向の第一段階である。

金融自由化と金融革新が、新しいテクノロジーのダイナミズムの中心にある。それらによって、金融仲介の諸条件や市場の機能は根本的に変化している。しかし、すべてを市場に委ねる成り行き主義に陥るリスクを前にして、安閑としてはいられない。市場は無責任であるからである。まして、市場は、責任を負う立場にはない。ミシェル・カムドシュ〔元IMF専務理事〕ほどの権威が、次のような警告を打ち出していた。すなわち一九九八年秋には世界は「崖っぷちに落ちそう」になり、「模範運転のための法規を真のルールにする」必要があること、そして「次なる悲劇が起こる前に改革を行う」必要があるということである。ルールを欠いたままでは、収益本位で資本を利用することによって得られる利益が人々の能力や幸福、そしてその資本自身をも破壊してしまうような、多かれ少なかれ深刻な危機を繰り返すというしっぺ返しを受けるリスクがある。それゆえに、国際金融システムの新しいアーキテクチャが必要なのである。IMF臨時委員会に政治的側面を与えることは、フランスが奨励したやり方である。同様に、私的アクターも責任を負うべきである。

最後に、この新しい時代は、能力、モビリティ、急速に変化しうる環境への適応、しばしばストレスのかかる状態での長時間労働などの要求を強めて、大いに労働者を利用するようになっている。このように増大するリスクを引き受けるのであれば、報酬面、企業レベルでの責任付与の面、そして集団的レベルでの保障といった面での正当な見返りが必要である。そして、一般的にいえば、不平等の新たな源泉が、情報社会、とくに知へのアクセスの領域で出現している。一つの社会の中でも、国民同士の間でも、そうした現象が認められる。これが「デジタル・デバイド」であり、G8でも必要な注意を払っている。EUはこの問題に取り組んでいる。

社会の多様性、解決策の多種性

誰がリスクを引き受けるべきであろうか。リスクを引き受けて成功を勝ち得た者には、どのようなメリットがあるのであろうか。敗者に対してはどのような連帯が組織できるか。この新しい時代に積極的に参加する能力をもたない人々に対しては、どのような社会的公正の原理が必要か。こうした問いかけは、おそらく公的・私的決定機関にとってもっとも緊急の、かつもっとも困難な課題を投げかけることになる。

そのことに関しては、あらゆるものに適用される単一のモデルを求めようとする誘惑に抗わねばならない。この観点から見れば、伝統はそれぞれ異なっている。おそらく、個々人でリスクをとることは、アメリカでは自然なことと受け止められている。しかし、たとえばフランスや日本の多数派が難なくこの精神状態を受け入れるかどうかは定かではない。この分野では、国家が共通利益の名において、効率と責任を結びつける役割を果たすことができるのではなかろうか。おそらく、新たな情勢が現れつつあるのである。

実際、ヨーロッパ経済は、連帯という絶対的な要請に忠実であり、ITの利用・生産の前哨となっている。北欧では、さまざまな解決策が見出された。フランスは、このリスクに対して自覚的であり、この新たな文脈《コンテキスト》において、足枷がはめられることなく国の強みとなっている連帯という理想を放棄してはいない。

よく言われるように、イノベーションは、組織編成においても見出すべきである。それは政治責任者や企業経営者すべてに関わっている。

組織された相互依存か

各国・各地域で世界化（mondialisation）が非常に大きな役割を果たしていることは、皆が認めるところである。それはまた、自発的に結合された国家グループでもまた同様の役割を果たしている。

この五〇年間、ヨーロッパの事例のように、地域統合が新しい型の連帯を示すことに貢献している。こうした連帯は、世界化《モンディアリザシオン》を最大限に利用しつつ世界化に立ち向かうことを可能とする。おそらく多極的な世界こそが、安定や平和、繁栄の保証となる。おそらくそれが、世界化に対して冷静にかつ人間的に立ち向かうための切り札となろう。それは、構築されるべき新たな世界、人々の新たな諸関係である。この点に鑑みると、ヨーロッパと日本との間では、新たな対話やパートナーシップを築き上げる余地が大いにあるであろう。

訳者あとがき

本書は Robert BOYER et Pierre-François SOUYRI éds., *Mondialisation et régulations : Europe et Japon face à la singularité américaine*, Editions La Découverte, Paris, 2001 の全訳である。原題を直訳すれば「世界化《モンディアリザシオン》と諸調整《レギュラシオン》――アメリカ的特殊性に直面したヨーロッパと日本」ということになる。「諸調整」と複数形が使われていることのうちには、今日の国際化のなか、各国経済は画一化するのでなく多様化しているのだという認識があり、「アメリカ的特殊性」という語のうちには、いわゆるアメリカ的なものは「普遍的」「標準的」でなくむしろ「特殊的」と理解すべきだというメッセージが含まれている。そして、そうしたアメリカ的標準による世界の画一化といったニュアンスをもつ「グローバリゼーション」に代えて、本書は「世界化《モンディアリザシオン》」という言葉を選んでいる。この点、編者の一人ローベール・ボワイエによる「日本語版への序文」を参照されたい。

　この本の成立経過については、もう一人の編者ピエール＝フランソワ・スイリによる「はしがき」に記されている。そこにあるとおり、本書はもともと二〇〇〇年七月、東京日仏会館にて開催された国際シンポジウム「世界化《モンディアリザシオン》――経済的調整の収斂と多様性」を出発点としている（なお日本語タイトルは「グローバリゼーションの光と影」と題されていた）。時はちょうど沖縄サミットの直前、シンポジウムは各国要人の参加と発表を得るべく、かれらの来日に合わせて本書の二人の編者を中心に企画された。その後、この会合の主要な成果にいくつかの新しい論文が追加されて本書は成立した。ヨーロッパ人によって企画されたシンポジウムであったが、それがまさに日本で開かれたことによって、「アメリカ」に対する「ヨーロッパ」という視点のみならず、「日本」という視点も前面に出され、議論の広がりと深まりにおいて説得力を高めるものになったといえよう。

振りかえってみると、二一世紀直前の一〇年間は世界的にまことに巨大な変動の時代であった。ヨーロッパでは、ソ連・東欧における社会主義体制の崩壊に始まり、EUにおける超国民的通貨ユーロの誕生へと至った。アメリカは「ニュー・エコノミー」なる長期的繁栄と熱狂を謳歌し、ヘゲモニー国家としての自信を回復した。これに対して東アジアでは、途中に通貨・経済危機に揺れつつも、多くの諸国が輸出主導型の成長をとげる一方、かつて「ナンバー・ワン」と持てはやされた日本経済はバブル後遺症と長期不況のなかで低迷した。

まことに思いがけない逆転や新奇な出来事の連続であった。しかし、アメリカの「繁栄」とその世界的影響力の増大とともに、こうした最新の世界を表現するキーワードとして、いつしか「グローバリゼーション」なる用語が人口に膾炙するようになった。たしかに今日、「グローバルなもの」の支配的影響力は増大しており、しかもそれは経済社会の金融化やIT化の動きと重なって、われわれの労働や生活を変革しつつある。

しかしその際、「グローバリゼーション」の語にはある種独特なニュアンスがつきまとっていることに注意すべきである。つまりそこには、市場主導型資本主義（アメリカ・モデル）こそ完成された理想的な姿であるという了解が隠されており、また、各国資本主義はすべからくこの「ワン・ベスト・ウェイ」たるアメリカ・モデルへと同質化され統合化されていくだろうという歴史的収斂論の教えが潜んでいる。裏をかえせば、国家や国民経済は無力化すべきものとされ、また各地域別・各国別・部門別・企業別のさまざまな組織的・制度的多様性は消滅していくべきものとされている。

編者の一人たるボワイエは、レギュラシオン（調整）学派を代表する論客である。ボワイエによれば、たしかに国際的なものの影響力は大きくなっているが、国際金融の部面はともかく、労使関係から福祉・教育・税制・生活様式に至る多くの部面で、世界は決してアメリカ的グローバリズムに一元化されていないし、されえない。現に進んでいるのは世界的均質化ではなく、各国・各組織の相互依存関係の強化であり、それらの競合とハイブリッド化であり、諸制度・諸組織の新たな多様性の創出であり、そしてそれらを通しての調整様式の新たな変容なのである。「世界化《モンディアリザシオン》」とは、そういう内容を指している。

本書の執筆者たちのなかでは、レギュラシオニストはむしろごく少数である。しかし、グローバリゼーションなるものを決して市場主義やアメリカ・モデルへの収斂といったことに還元せず、地域・国・部門・企業ごとに多彩な諸組織・諸制度の共存、補完、競合という形で現代資本主義を捉えるかぎりで、レギュラシオン・アプローチと観点を共有している。それぞれに興味つきない論点を提供している各章の位置と意味については、ボワイエによる「序説　画期的変化を理解する」を参照されたい。

「序説」に続いて本書は全四部全一一章と「結論」から構成される。最初の「I　歴史的パースペクティブ」（ユールヨーゲンセン、ボワイエ）では現代の簡潔な歴史的位置づけがあたえられ、「II　各国別軌道の対照性」（カーチス、ソテール、ベルトルディ、榊原英資）では日米欧・日仏の比較分析やアジアの地域協力が論じられる。さらに「III　『ワン・ベスト・ウェイ』の幻想」（フレスネ、佐々木かをり、ベッファ）では企業ごとの経営方式の多様性が注目され、「Ⅳ　よみがえる多様性」（藤本隆宏、青木昌彦）では企業組織や制度の多様性が理論モデル的に分析される。そして最後に「結論」（グルドー＝モンターニュ）として、収斂でなく多様性が、そして国家の役割が強調されて本書は終わる。そういった歴史分析、比較分析、企業分析、モデル分析をとおして、本書はグローバリゼーションのもとで、否、正しくはモンディアリザシオンのもとで展開している世界の新しい多様化と競合の姿をあざやかに浮彫りにする。

翻訳上の技術的事項について、注記しておきたい。

（1）原書巻末には簡単な「略字・略号一覧」(Liste des sigles et abréviations) が付されているが、訳書では訳文中で対応しており、一覧表としては不要なので省略した。また、同じく巻末の「用語解説」(Glossaire) については、訳書での用語の選択や対応語の指示（太字表記）において少々変更を加えた。

（2）第1、6、10、11章のオリジナル原稿は英文である。訳出にあたっては原則として仏訳版をベースとしたが、オリジナル原稿と意味が異なる場合など、必要に応じて英文を参照し、適切な訳出に心がけた。また、原著者とコンタクトがとれた場合、原著者の指示による部分的な修正・補足や訳注による補足を加えた箇所も、一部ながらある。

（3）「ＩＴ」と訳したものの原語は **technologie de l'information**（ＩＴ＝情報技術）ないし **technologie de l'information et de la communication**（ＩＣＴ＝情報通信技術）である。最近の日本ではこの両方の意味をこめて「ＩＴ」が慣用となっている向きもあるので、両者をあえて訳し分けることはしなかった。

翻訳は、日本語版への序文、序説、第3、5、7章を山田が、残りすべての章を渡辺が分担し、相互に訳稿を点検しあって改善と統一に努めた。思わぬ間違いがなお残っているかもしれないが、ご叱正いただければ幸いである。

翻訳や出版に際して各種の助言や援助をいただいた編者ボワイエ氏およびスイリ氏には、この場を借りてお礼申し上げる。ボワイエ氏からは多忙ななか「日本語版への序文」を寄せていただいた。また訳者からの問合せに丁寧にお答えいただいた執筆者の方々や、訳語訳文上のアドバイスをいただいた翻訳家・井川浩氏に深く感謝したい。最後に、本書の出版を企画していただいた藤原書店社長の藤原良雄氏、編集・校正等をご担当いただいた同社の刈屋琢氏に、心からお礼を述べさせていただきたい。

二〇〇二年八月一日

山田鋭夫
渡辺純子

用語解説

50 音順、対応する語は本文中では太字で示されている。

e コマース (e-commerce)　インターネット・ウェブを通じて組織された商業活動

ウィンテリズム (Wintélisme)　マイクロプロセッサー（インテル）とソフトウェア産業（ウィンドウズ）の結合にもとづく生産および組織のモデル

かんばん (Kanban)　川下工程や需要が先導役になる在庫管理法

コーポレート・ガバナンス妥協〔企業統治についての妥協〕(Compromis de gouvernement d'entreprise)　企業活動に参加するさまざまなアクターたちの間の、明示的ないし暗黙的な合意

資産資本主義 (Capitalisme patrimonial)　企業の戦略や個人の行動において金融諸変数とりわけ株式市場が決定的役割を演ずるような体制

ダイエーイズム (Daieisme)　サービス業における組織モデルであり、労働契約の不均一性やフレキシビリティに立脚している

トヨティズム (Toyotisme)　継続的な原価低減〔コストダウン〕にもとづく生産モデル。トヨタが追求した戦略からイメージされている

ハイブリッド化 (Hybridation)　他の経済・社会空間で起こったイノベーションが現地の文脈に応じて適応し変容されるようなプロセス

フォーディズム (Fordisme)　大量生産と大量消費の同期化に立脚した成長体制

モジュール生産 (Production modulaire)　諸機能の全体集合を、標準化されたインターフェイスをもった一連の諸部分集合へと分解することからなる産業組織原理

リーン生産 (Lean production)　無駄を排除した、ぎりぎりの生産。1990 年、ＭＩＴ〔マサチューセッツ工科大学〕の研究者たちが 21 世紀の生産モデルだとして提案した理想的モデル

レギュラシオン〔調整〕(Régulation)　制度諸形態の総体と結びついた経済的諸変数の調節様式

and its Parallels to US Experience, Institute for International Economics, Washington.
SAXENIAN A. (1999), *Silicon Valley's New Immigrant Entrepreneurs*, Public Policy Institute of California, San Francisco.
SCHUMPETER Joseph (1911), *Théorie de l'évolution économique. Recherche sur le profit, le crédit, l'intérêt et le cycle de la conjoncture, traduction française 1983*, Dalloz, Paris.〔塩野谷祐一他訳『経済発展の理論』上・下，岩波文庫，1977 年〕
SHIMIZU Koichi (1999), *Le Toyotisme*, La Découverte, coll.《Repères》, Paris.
SOROS George (1998), *The Crisis of Global Capitalism*, Public affairs, New York.〔大原進訳『グローバル資本主義の危機』日本経済新聞社，1999 年〕
STIGLITZ Joseph (2000),《What I learned at the World Economic Crisis. The Insider》, http : //www. tnr. com/, April.
STRANGE Susan (1996), *The Retreat of the State*, Cambridge University Press, Cambridge UK.〔櫻井公人訳『国家の退場』岩波書店，1998 年〕
STREECK Wolfgang (1997), 《German Capitalism : Does it Exist? Can it Survive?》, in CROUCH Colin and STREECK Wolfgang eds., *Political Economy of Modern Capitalism*, Sage Publications, London, p. 33-54.〔山田鋭夫訳『現代の資本主義制度』ＮＴＴ出版, 2001 年〕
—— (2001), 《The Transformation of Corporate Organisation in Europe: An Overview》, *Contributions au colloque du centre Saint-Gobain pour la recherche en économie* (à paraître).
SUCHMAN M. C. (2000), 《Dealmakers and Councelors : Law Firms as Intermediaries in the Development of Silicon Valley》, mimeo, University of Wisconsin.
TACHIBANAKI Toshiaki, FUJIKI Hiroshi and NAKADA Sachiko (2000), 《Structural Issues in the Japanese Labor Market》, *Institute for Monetary and Economic Studies*, Bank of Japan.
TOLLIDAY Steven (1998), 《The Diffusion and Transformation of Fordism : Britain and Japan Compared》, in BOYER Robert, CHARRON Elsie, JÜRGENS Ulrich and TOLLIDAY Steven eds. (1998), p. 57-96.
TOUFFUT Jean-Philippe (1997), 《Un problème lexical interlangues : Le cas de yaku (poste) dans l'économie des institutions》, *Japon pluriel*, Actes du deuxième colloque de la Société française d'études japonaises, Philippe Picquier, p. 364-373.
WOMACK J., JONES D. and ROOS D. (1990), *The Machine that Changed the World*, Macmillan, New York. Version française 1992, *La Production au plus juste. Le système qui va changer le monde*, Dunod, Paris.〔沢田博訳『リーン生産方式が、世界の自動車産業をこう変える。』経済界，1990 年〕
YOMIURI SHIMBUN (2000),《Women Hold only 3.5 % of Career Jobs》, June 9.

LORDON Frédéric (2000), *Fonds de pension, piège a cons? Mirage de la démocratie actionnariale*, Raisons d'agir, Paris.

LUNG Yannick, CHANARON Jean-Jacques, FUJJIMOTO Takahiro and RAFF Daniel eds. (2000), *Coping with Variety: Product Variety and Production Organization in the World Automobile Industry*, Ashgate, Aldershot.

MANNE H. (1965), 《Mergers and the Market for Corporate Control》, *Journal of Political Economy*, no. 73, p. 110-120.

MARSHALL Th., (1964), *Class Citizenship and Social Development*, Garden City, New York : double day and company.

MASUZOE Yoichi (2000), *Years of Trial. Japan in the 1990s*, Japan Echo Inc., Tokyo.

MELTZER Allan H. (1999a), 《Financial Failures and Financial Policies》, in KAUFMAN G. G. and KORMENDIA R. C. eds., *Deregulating Financial Services : Public Policy Flux*, Cambridge, Mass.

—— (1999b), 《Comments : What More Can the Bank of Japan Do?》, *Monetary and Economic Studies*, vol. 17, no. 3, December.

MORISHIMA Michio (1999), 《Why do I Expect Japan to Collapse?》, in FREEDMAN Craig ed., *Why did Japan Stumble? Causes and Cures*, Edward Elgar, Cheltenham.

MULGAN Aurelia George (2000), 《Japan : A Setting Sun?》, *Foreign Affairs*, no. 4, July-August.

NAKAMOTO Michiyo (2000), 《When Culture Masks Communication》, *Financial Times*, October 23.

OECD (1999a), *OECD Economic Surveys : Japan*, OCDE, Paris.

—— (1999b), *The Knowledge Based Economy : A Set of Facts and Figures*, OCDE, Paris, June.

ORLEAN André (2000), *Le Pouvoir de la finance*, Odile Jacob, Paris. 〔坂口明義・清水和巳訳『金融の権力』藤原書店，2001 年〕

PETIT Pascal (1998), 《Formes structurelles et régimes de croissance de l'après-fordisme》, *L'Année de la régulation*, vol. 2, La Découverte, Paris, p. 169-196.

PORTER Michael, TAKEUCHI Hirotaka and SAKAKIBARA Mariko (2000), *Can Japan Compete?*, Macmillan Press Ltd, Houndmills.

PRODI Romano (2000), 《Innovation and Responsibility : Business and the Citizens in a Changing World》, European Business Summit, Bruxelles, June 11.

RIBAULT Thierry (2000), 《Toyotisme et daieisme : Deux pôles complémentaires du rapport salarial au Japon》, *Economies et Sociétés*, no. 11, 1/2000.

SAKAKIBARA Eisuke (1998), 《Reform, Japanese-style》, in GIBNEY Frank ed., *Unlocking the Bureaucrats Kingdom. Deregulation and the Japanese Economy*, The Brooking Institution, Washington.

—— (1999), 《Japanese Big Bang Reforms in Tune with Times》, *Yomiuri Shimbun*, October 30 .

—— (2000), 《US-Japanese Economic Policy Conflicts and Coordination during the 1990s》, in MIKATANI Ryoichi and POSEN Adam S. eds., *Japan's Financial Crisis*

HOLLNGSWORTH Rogers and BOYER Robert eds. (1997), *The Embeddedness of Capitalism in Situations*, Oxford University Press, Oxford.

HUMPHREY J., LECLER Yveline and SALERNO M. eds. (2000), *Global Strategies and Local Realities : The Auto Industry in Emerging Markets*, Macmillan/ St Martin's Press, Basingstoke/ New York, p. 72-94.

IMF (2000a), *Country Experiences with the Use and Liberalization of Capital Controls*, Washington, January.

—— (2000b), 《Japan : Staff Report for the 2000 Article IV Consultation》, *International Monetary Fund*, August.

INOUE Yasuo (2000), 《Beyond the East Asian Economic Crisis》, in BOYER Robert and YAMADA Toshio eds. (2000), p. 162-174.

ISOGAI Akinori, EBIZUKA Akira and UEMURA Hiroyasu (2000), 《The Hierarchical Market-firm Nexus as the Japanese Mode of Régulation》, in BOYER Robert and YAMADA Toshio eds. (2000), p. 32-53.

JACKSON G. (1997), 《Corporate Governance in Germany and Japan: Development within National and International Contexts》, mimeo, Max-Planck Institut für Gesellschaftsforschung, Cologne.

JACOBY S. (1985), *Employing Bureaucracy : Manager, Unions and the Transformation of Work in the American Industry : 1900-1945*, Columbia University Press, New York.〔荒又重雄他訳『雇用官僚制』北海道大学図書刊行会, 1989 年〕

JETIN Bruno (1999), 《The Historical Evolution of Product Variety in the Auto Industry : An International Comparative Study》, in LUNG Yannick, CHANARON Jean-Jacques, FUJIMOTO Takahiro and RAFF Daniel eds. (1999).

JOHNSON Chalmers (1995), 《La Serenissima of the East》, in JOHNSON Chalmers, *Japan. Who Governs?*, Norton, New York.

JOHNSON C. W. (2000), 《Advising the New Economy : The Role of Lawyers》, in LEE C. et al. eds. (2000), p. 203-212.

KING Mervyn (1999), 《Reforming the International Financial System : The Middle Way》, speech delivered to a session of the Money Marketeers at the Federal Reserve Bank of New York on Sept. 9.

KRASNER S. D. (1999), *Sovereignty : Organized Hypocrisy*, Princeton University Press, Princeton.

KRUGMAN Paul R. (1998), 《What Happened to Asia?》, http : //www. mit. edu/people/krugman/index. html, January.

KUISEL Richard (1993), *Seducing the French :The Dilemma of Americanization*, University of California Press, Berkeley.

LECHEVALER Sébastien (1998), 《Quelle crise de 1'économie japonaise?》, *Le Monde*, 1er juillet.

LEE C., MILLER W. F., HANCOK M. G. and ROWEN H. S. eds. (2000), *The Silicon Valley Edge: A Habitat for Innovation and Entrepreneurship*, Stanford University Press, Stanford CA.

DURAND Jean-Pierre, STEWART P. and CASTILLO J. -J. eds. (1999), *Teamwork in the Automobile Industry. Radical Change or Passing Fashion*, Macmillan, London. Version française : *L'Avenir du travail à la chaîne*, La Découverte, Paris, 1998.

EDWARDS J. and FISCHER K. (1994), *Banks, Finance and Investment in Germany*, Cambridge University Press, Cambridge, UK.

EUROPEAN COUNCIL (2000), *Presidency Conclusions*, Lisbon European Council, March 23 and 24.

FLORIDA Richard and KENNEY Martin (1998), 《Venture Capital-financed Innovation and Technological Change in the USA》, *Research Policy*, 17, p. 119-137.

FREYSSENET Michel (1995), 《La production réflexive, une alternative à la production de masse et à la production au plus juste?》, *Sociologie du travail*, no. 3/95, p. 365-388.

—— (1999), 《Le Japon n'est plus considéré comme l'unique creuset du modèle productif de demain》, in CORDELIER Serge dir., *80 idées-forces pour entrer dans le XXIe siècle. Le nouvel état du monde*, La Découverte, Paris, p. 122-124.

FREYSSENET Michel and LUNG Yannick (2000), 《Between Globalisation and Regionalisation : What is the Future of the Motor Industry》, in HUMPHREY J., LECLERC Y. and SALERNO M. eds. (2000).

FREYSSENET Michel, MAIR Andrew, SHIMIZU Koichi and VOLPATO G. eds. (1998), *One Best Way? Trajectories and Industrial Models of the World's Automobile Producers*, Oxford University Press, Oxford. Version française actualisée : *Quel modèle productif? Trajectoires et modèles industriels des constructeurs automobiles mondiaux*, La Découverte, Paris, 2000.

FUJIMOTO Takahiro (1999), *The Evolution of a Manufacturing System at Toyota*, Oxford University Press, Oxford.

—— (2000), *Diagnosis and Prescriptions for the Future Japanese Industries*, Pacific-Asian Conference on Expert Systems, Huangshan, Chine.

GIBNEY Frank ed. (1998), *Unlocking the Bureaucrats Kingdom. Deregulation and the Japanese Economy*, The Brooking Institution, Washington.

GILSON R. J. (1999), 《The Legal Infrastructure of High Technology Industrial Districts : Silicon Valley, Route 128 and Covenants not to Compete》, *New York University Law Review*, no. 74, p. 575-629.

GRANOVETTER Mark (1998), 《Coase Revisited : Business Groups in the Modern Economy》, in CHYTRY J. et al., *Technology, Organisation and Competitiveness*, Oxford University Press, Oxford.

GREENSPAN Alan (2000), 《Technology and the Economy》, Speech before the Economic Club of New York, *Federal Reserve Board*, New York, January 13.

HANCKE Bob (1999), 《Varieties of Capitalism Revisited : Globalisation and Comparative Institutional Advantage》, *Lettre de la régulation*, no. 30, September, p. 1-4.

HELLWIG M. (1998), 《On the Economics and Politics of Corporate Finance and Corporate Control》, mimeo, University of Mannheim.

HELWEG Diana (2000), 《Japan : A Raising Sun?》, *Foreign Affairs*, no. 4, July-August.

Features and Futures》, in YAMAMURA Kozo and STREECK Wolfgang eds., *Germany and Japan in the 21st Century : Strengths Turning into Weaknesses?*, Oxford University Press, Oxford.
—— (2001b), 《Un retard de 1'Europe? Mythes et réalités》, ronéotypé CEPREMAP, février.
BOYER Robert, CHARRON Elsie, JÜRGENS Ulrich and TOLLIDAY Steven eds. (1998), *Between Imitation and Innovation. The Transfer and Hybridization of Productive Models in the International Automobile Industry*, Oxford University Press, Oxford.
BOYER Robert et DURAND Jean-Pierre (1993), *L'Après-Fordisme*, Syros, Paris, réédition 1997.〔荒井壽夫訳『アフター・フォーディズム』ミネルヴァ書房, 1996 年〕
BOYER Robert et FREYSSENET Michel (1999), 《L'avenir est à nouveau ouvert. Stratégies de profit, formes d'internationalisation et nouveaux espaces de 1'industrie automobile》, *Gérer et comprendre. Annales des Mines*, juin, p. 21-30.
—— (2000a), *Les Modèles productifs*, La Découverte, Paris.
—— (2000b), 《A New Approach of Productive Models. The World that Changed the Machine》, *Industrielle Beziehungen*, p. 385-412.
—— (2000c), 《Fusions-acquisitions et stratégies de profit》, *Revue Française de gestion*, no. 131, novembre-décembre, p. 20-28.
—— (2000d), 《The World that Changed the Machine. Synthesis of GERPISA Research Programs 1993-1999》, Proceedings of Eight GERPISA Colloquium, CD-Rom, GERPISA, Paris.〔(参考) 清水耕一訳「機械を変えた世界」『経済セミナー』2001 年 11, 12 月号および 2002 年 1 月号〕
—— (forthcoming), *The World that Changed the Machine*.
BOYER Robert and JUILLARD Michel (2000), 《The Contemporary Japanese Crisis and the Transformation of the Wage Labor Nexus》, in BOYER Robert and YAMADA Toshio (eds.) (2000), p. 119-137.
BOYER Robert et SAILLARD Yves éds. (1995), *Théorie de la régulation : Etat des savoirs*, La Découverte, Paris.
BOYER Robert and YAMADA Toshio (2000), 《An Epochal Change... but Uncertain Futures》, in BOYER Robert et YAMADA Toshio eds. (2000) p. 192-214.
BOYER Robert and YAMADA Toshio eds. (2000), *The Japanese Capitalism in Crisis : A Regulationist Interpretation*, Routledge, London.〔(参考) 山田鋭夫/ロベール・ボワイエ編『戦後日本資本主義——調整と危機の分析』藤原書店, 1999 年〕
CARGILL Thomas F., HUTCHISON Michael M. and ITO Takatoshi (1997), *The Political Economy of Japanese Monetary Policy,* The MIT Press, Cambridge, Massachusetts.
CORBETT Jenny (1999), 《Crisis? What Crisis? The Policy Response to Japan's Banking Crisis》, in FREEDMAN Craig ed., *Why did Japan Stumble? Causes and Cures*, Edward Elgar, Cheltenham.
DORE Ronald (2000), *Stock Market Capitalism : Welfare Capitalism*, Oxford University Press, Oxford.〔藤井眞人訳『日本型資本主義と市場主義の衝突』東洋経済新報社, 2001 年〕

参考文献

AGLIETTA Michel (1998), 《Le capitalisme de demain》, *Notes de la fondation Saint-Simon*, no. 105, novembre.

AMABLE Bruno, BARRE Rémi et BOYER Robert (1997a), *Les Systèmes d'innovation à l'ère de la globalisation*, Economica, Paris.

—— (1997b), 《Diversity, Coherence and Transformations of Innovation Systems》, in BARRE R., GIBBONS M., Sir John MADDOX, MARTIN B. and PAPON P. eds., *Science in Tomorrow's Europe*, Economica International, Paris, p. 33-49.

AOKI Masahiko (1988), *Economie japonaise*, Economica, Paris.〔永易浩一訳『日本経済の制度分析』筑摩書房, 1992 年〕

—— (2001), *Towards a Comparative Institutional Analysis*, MIT Press, Cambridge/London.〔瀧澤弘和／谷口和弘訳『比較制度分析に向けて』NTT 出版, 2001 年〕

BAUM T. (1994), 《The German Banking System and His Impacts on Corporate Finance and Governance》, in AOKI M. and PATRICK H. eds., *The Japanese Main Bank System*, Oxford University Press, New York, p. 409-449.〔白鳥正喜監訳『日本のメインバンク・システム』東洋経済新報社, 1996 年. ただし当該論文を含むいくつかの章は訳書では割愛されている〕

BEFFA Jean-Louis, BOYER Robert et TOUFFUT Jean-Philippe (1999), 《Les relations salariales en France : Etat, entreprises, marchés financiers》, *Notes de la fondation Saint-Simon*, no. 107, juin.

BERGER Suzanne and DORE Ronald (1996), *National Diversity and Global Capitalism*, Cornell University Press, Ithaca.

BERLE A. A. and MEANS G. C. (1932), *The Modern Corporation and Private Property*, The State University, New Brunswick, new edition 1991.〔北島忠男訳『近代株式会社と私有財産』文雅堂, 1958 年〕

BOSKIN Michael J. (2000), 《Economic Measurement: Progress and Challenges》, *Stanford Institute for Economic Policy Research Discussion Paper*, no. 99-15, January.

BOYER Robert (1986), *La Théorie de la régulation : Une analyse critique*, La Découverte, Paris, 〔山田鋭夫訳『レギュラシオン理論』藤原書店, 1990 年〕

—— (1998), 《Hybridization and Models of Production: Geography, History and Theory》, in BOYER Robert, CHARRON Elsie, JÜRGENS Ulrich and TOLLIDAY Steven eds. (1998), p. 23-56.

—— (1999), 《The Variety and Dynamics of Capitalism》, in GROENEWEGEN John and VROMEN Jack eds., *Institutions and the Evolution of Capitalism : Implications of Evolutionary Economics*, Edward Elgar, Cheltenham UK, Northampton, p. 122-140.

—— (2000), 《Is a Finance-led Growth Regime a Viable Alternative to Fordism? A Preliminary Analysis》, *Economy and Society*, vol. 29, no. 1, February, p. 111-145.

—— (2001a), 《The Embedded Innovative Systems of Germany and Japan : Distinctive

義の終焉』（ＰＨＰ研究所、1999年）など多数。

ミシェル・フレスネ (Michel Freyssenet)
1941年、フランス生まれ。リヨン大学卒業。労働社会学者。現在、ＣＮＲＳ（フランス国立科学研究所）研究部長およびＧＥＲＰＩＳＡ（自動車産業と労働者にかんする常設的研究組織）インターナショナル・ネットワーク代表。著書に、（共著） *Les modèles productifs*, La Découverte, 2000；（共編著）*One Best Way? Trajectories and Industrial Models of the World's Automobile Producers*, Oxford University Press, 1998；（共著）*The Productive Models : The Conditions of Profitability*, Palgrave, 2002；など。

佐々木かをり（ささき・かをり）
1959年、神奈川県生まれ。1983年上智大学外国語学部卒業。（株）イー・ウーマン (www. ewoman. co. jp) 代表取締役社長。（株）ユニカル インターナショナル (www. unicul. com) 代表取締役社長、ＹＥＯ（世界若手起業家組織）日本支部会長、「国際女性ビジネス会議」実行委員長。著書に、『自分が輝く７つの発想』（光文社文庫）、『ギブ＆ギブンの発想』（ジャストシステム）、『妊婦だって働くよ』（ＷＡＶＥ出版）他、翻訳書も多数。

ジャン=ルイ・ベッファ (Jean-Louis Beffa)
パリ理工科大学校（エコール・ポリテクニーク）、パリ国立高等石油学校、およびパリ政治学研究所を卒業。1974年、サン=ゴバン社入社、企画部長。このあとポンタ・ムッソン社の専務取締役および代表取締役社長を歴任。同時に1982年、サン=ゴバン社 (www. saint-gobain. com) 専務取締役を経て、1986年、同代表取締役社長、現在に至る。ＢＮＰパリバ副社長を兼任。

藤本隆宏（ふじもと・たかひろ）
1955年、東京生まれ。東京大学経済学部卒業、ハーバード大学経営学博士号取得。現在、東京大学大学院経済学研究科・経済学部教授。著書に、『生産システムの進化論：トヨタ自動車にみる組織能力と創発プロセス』（有斐閣、1997年）『成功する製品開発：産業間比較の視点』（共編著、有斐閣、2000年）『ビジネス・アーキテクチャ』（共編著、有斐閣、2001年）など。

青木昌彦（あおき・まさひこ）
1938年生まれ。東京大学経済学部卒業、ミネソタ大学大学院 Ph. D. 取得。京都大学教授などを経て、現在、スタンフォード大学教授、独立行政法人 経済産業研究所所長。著書に、『日本経済の制度分析』（筑摩書房、1992年）『経済システムの進化と多元性』（東洋経済新報社、1995年）『比較制度分析に向けて』（ＮＴＴ出版、2001年）など多数。

モーリス・グルドー=モンターニュ (Maurice Gourdault-Montagne)
1953年、フランス生まれ。1975年パリ政治学院卒業。1977年パリ第二大学法学修士。1978年フランス外務省入省。駐印フランス大使館・駐独フランス大使館勤務、ジュペ首相官房長などを経て、現在、駐日フランス大使。

編者紹介

ロベール・ボワイエ (Robert Boyer)
1943年生まれ。パリ理工科大学校（エコール・ポリテクニーク）卒。フランス経済予測局研究員を経て、現在、ＣＥＰＲＥＭＡＰ（数理経済計画予測研究所）およびＣＮＲＳ（フランス国立科学研究所）教授、ならびにＥＨＥＳＳ（社会科学高等研究院）研究部長。著書に、『レギュラシオン理論』『入門・レギュラシオン』『第二の大転換』『現代「経済学」批判宣言』『世界恐慌　診断と処方箋』など、共編著に〈レギュラシオン・コレクション〉１『危機――資本主義』２『転換――社会主義』３『ラポール・サラリアール』４『国際レジームの再編』、『戦後日本資本主義』（以上、藤原書店）など多数。

ピエール=フランソワ・スイリ (Pierre-François Souyri)
1952年、アルジェリア生まれ。フランス国立東洋語・東洋文化研究院教授（日本史担当）。専門は中世社会史および20世紀日本思想史。『アナール』誌主宰者の１人。現在、日仏会館フランス学長。著書に、*Le monde à l'envers : dynamique de la société médiévale*, Maisonneuve et Larose, 1998 ;（共著）*le Japon des Japonais*, Liana Levi, 2002など。

執筆者紹介（掲載順）

オブ・ユールヨーゲンセン (Ove Juul Joergensen)
1939年、デンマーク生まれ。コペンハーゲン王立獣医・農業大学卒業。農相・農業省のＥＣ関係首席顧問、欧州委員会委員（デンマーク任命）官房長、欧州委員会第１総局局長などを歴任し、1998年6月より駐日欧州委員会代表部大使に就任。

ケネス・カーチス (Kenneth Courtis)
1954年、カナダ生まれ。カナダ・ヨーク大学卒業、イギリス・サセックス大学修士号取得、パリ政治学研究所・国家博士号取得。ドイツ銀行グループのアジア・パシフィック・チーフエコノミストなどを経て、現在、ゴールドマン・サックス・アジア副会長。

クリスチャン・ソテール (Christian Sautter)
元フランス大蔵大臣、ＥＨＥＳＳ（社会科学高等研究院）教授・研究部長。現在、パリ市助役（経済発展・財政・雇用問題担当）。日本経済を専門とし、親日家として知られる。著書は、『孤独な巨人ニッポン　欧州がとらえた日本経済の死角』（日本経済新聞社、1988年）*La France au miroir du Japon : Croissance ou déclin*, Broché, 1996など多数。

モレノ・ベルトルディ (Moreno Bertoldi)
1960年、イタリア生まれ。1996-2001年の駐日欧州委員会代表部一等書記官（政治・経済担当）を経て、現在、駐米欧州委員会代表部経済財政顧問。主要論文として、“Chronique d'une décennie de politique économique : l'exemplarité du Japon”, *L'Année de la Régulation*, vol. 6, 2002のほか、東アジアの成長、アジア危機とその国際金融構造への影響、ＥＵの経済政策などに関する論文多数。

榊原英資（さかきばら・えいすけ）
1941年、神奈川県生まれ。東京大学経済学部卒業、ミシガン大学にて博士号取得。大蔵省国際金融局長、同財務官などを経て、現在、慶応義塾大学教授。国際金融を専門とする。著書に、『文明としての日本型資本主義』（東洋経済新報社、1993年）『日米欧の経済・社会システム』（東洋経済新報社、1995年）『市場原理主

訳者紹介

山田鋭夫（やまだ・としお）

1942年生まれ。名古屋大学大学院経済学研究科博士課程満期退学。現在、名古屋大学経済学部教授。理論経済学専攻。著書に『レギュラシオン・アプローチ』（増補新版，藤原書店）『レギュラシオン理論』（講談社現代新書）『20世紀資本主義』（有斐閣）『戦後日本資本主義』（ボワイエと共編、藤原書店）、訳書に『レギュラシオン理論』（新版、藤原書店）『現代の資本主義制度』（ＮＴＴ出版）など多数。

渡辺純子（わたなべ・じゅんこ）

1965年生まれ。北海道大学大学院経済学研究科博士課程満期退学。現在、静岡大学人文学部助教授（2002年10月より電気通信大学電気通信学部助教授）。日本経済論専攻。論文に “Le rattrapage des PVD d'Asie et les mesures prises par les entreprises japonaises” (*Japon In Extenso*, no. 40)、「綿糸紡績業における企業組織の再編」（原朗編『復興期の日本経済』東京大学出版会、2002年）など。

脱グローバリズム宣言
パクス・アメリカーナを超えて

2002年９月30日　初版第１刷発行©

訳　者　山田鋭夫
　　　　渡辺純子
発行者　藤原良雄
発行所　株式会社 藤原書店
〒162-0041　東京都新宿区早稲田鶴巻町523
電　話　03（5272）0301
ＦＡＸ　03（5272）0450
振　替　00160-4-17013

印刷・製本　美研プリンティング

落丁本・乱丁本はお取替えいたします　Printed in Japan
定価はカバーに表示してあります　ISBN4-89434-300-2